LÉO TAXIL

Y LA GRAN
MISTIFICACIÓN ANTIMASÓNICA

Ignacio Méndez-Trelles Díaz

LÉO TAXIL

Y LA GRAN MISTIFICACIÓN ANTIMASÓNICA

MASONICA

Ignacio Méndez-Trelles Díaz

LÉO TAXIL
Y LA GRAN MISTIFICACIÓN ANTIMASÓNICA

Historia de una farsa que sacudió a la Iglesia,
la prensa y la masonería.

SERIE NEGRA
[OBRAS BIOGRÁFICAS]

MASONICA
Ediciones del Arte Real

Léo Taxil y la gran mistificación antimasónica
Ignacio Méndez-Trelles Díaz

Diseño y maquetación:
EЯA | ALTA RESOLUCIÓN EDITORIAL

Ilustración de cubierta:
Léo Taxil (ca. 1880)
Bibliothèque Nationale de France

Editorial MASONICA®
Serie Negra (Trabajos biográficos)
www.masonica.es

© 2025 Ignacio Méndez-Trelles Díaz
© 2025 Editorial MASONICA

EntreAcacias, S.L.
[Sociedad editora]
c/Covadonga, 8
33002 Oviedo – Asturias (España)
info@masonica.es | pedidos@masonica.es

1ª edición: junio, 2025

ISBN: 979-13-87560-30-0
Depósito Legal: AS 00482-2025

Impreso por Podiprint
Impreso en España

*A todos aquellos que fueron calumniados, perseguidos
o ridiculizados por mentiras disfrazadas de verdad.*

*Que esta historia sirva como homenaje a la lucidez,
la ironía y el valor de desenmascarar el engaño.*

---

*Un memorial de la farsa,
y un recordatorio de que la verdad,
tarde o temprano, exige su lugar.*

«He logrado engañar a todo el mundo:
a los católicos, a los masones, a los incrédulos...».

(Confesión pública durante su célebre
conferencia de 1897)

Todos me han creído, y eso es lo más divertido».

(Confesión pública durante su célebre
conferencia de 1897)

«La mentira tiene futuro cuando el deseo de creer
supera al de comprender».

(Paráfrasis implícita de su postura al final
de la gran farsa)

«El Paladismo está muerto.
¡Su padre acaba de asesinarlo!».

(Discurso de Léo Taxil, Salón de la Sociedad
Geográfica, París, 19 de abril de 1897)

«Quien crea que el humor no puede ser revolucionario, que me lea».

(Cita atribuida, empleada en prólogos
de reediciones modernas de su obra)

EL IMPOSTOR ILUSTRADO

Léo Taxil, cuyo nombre real era Marie Joseph Gabriel Antoine Jogand-Pagès, nació el 21 de marzo de 1854 en Marsella, en el seno de una familia burguesa profundamente católica y de inclinaciones monárquicas. Su padre, Charles François Marie Jogand, era quincallero y devoto practicante, vinculado a la Compañía de Jesús; su madre, Joséphine Françoise Antoinette Pagès, provenía de una familia de comerciantes de Sète. Léo fue el segundo de tres hermanos: su hermano mayor, Maurice, también se convirtió en periodista y escritor bajo el seudónimo de Marc Mario, mientras que su hermana menor, Marguerite, falleció antes de 1887.

A la edad de cinco años, Léo fue enviado a un seminario jesuita, probablemente con la intención de que siguiera una vocación religiosa. Sin embargo, esta experiencia temprana sembró en él una profunda aversión hacia la religión y el clero. Durante su adolescencia, se sintió atraído por las ideas radicales de Henri Rochefort, editor del periódico satírico clandestino *La Lanterne*.

A los catorce años, Léo y su hermano Maurice intentaron unirse a Rochefort en su exilio en Bruselas, pero fueron detenidos por la gendarmería en Barrême. Como consecuencia, su padre decidió internarlo en la colonia penitenciaria de Mettray, donde permaneció solo dos meses, pero esta experiencia reforzó su rechazo hacia la religión, atribuyendo su internamiento a la influencia de los amigos católicos de su padre.

El internamiento del joven Gabriel-Antoine Jogand-Pagès como medida disciplinaria en aquella colonia penitenciaria agrícola representó un punto de inflexión determinante en su vida. Mettray, cerca de Tours, era una institución destinada a «rehabilitar» a jóvenes considerados moralmente desviados o conflictivos. Fundada en 1839 por Frédéric-Auguste Demetz y el vizconde de Bretignières de Courteilles, la colonia se proponía una alternativa reformista al sistema penal francés, y acogía tanto a menores delincuentes como a jóvenes «desviados» de familias burguesas que deseaban evitar el escándalo de una condena judicial.

Aunque inspirada en un ideal filantrópico, Mettray se convirtió en un símbolo de opresión psicológica y social, con una estricta disciplina, aislamiento familiar, trabajos forzados en el campo, uniformes y una jerarquía interna implacable. Los métodos educativos, inspirados en la vigilancia, el castigo y la obediencia absoluta, se apoyaban en la autoridad religiosa y en una visión profundamente moralizante de la educación.

Gabriel, el joven «Taxil», que ya había mostrado una viva inteligencia y un espíritu contestatario, sufrió con particular intensidad las condiciones de la colonia. La represión emocional, la vigilancia continua y el peso de una pedagogía autoritaria reforzaron en él un rechazo visceral hacia toda forma de poder religioso y disciplinario. La experiencia fue traumática, y él mismo la evocaría años más tarde como uno de los factores fundamentales de su alejamiento definitivo del catolicismo. En Mettray no sólo perdió la fe, sino que maduró una visión profundamente crítica del cristianismo institucional, que más adelante se traduciría en su virulento anticlericalismo y su obsesiva voluntad de desenmascarar las estructuras de poder eclesiástico.

La estancia en Mettray puede considerarse el verdadero punto de partida de su posterior carrera como polemista y provocador. En lugar de doblegar su voluntad, la experiencia penitenciaria agudizó su rebeldía y consolidó una identidad marcada por el desafío, la irreverencia y la teatralización de la ruptura. El muchacho problemático que había sido recluido por «indisciplina moral» regresó al mundo con una vocación definida: convertirse en azote del clero, del orden moral burgués y, más adelante, incluso de las logias que simbolizaban, para él, un nuevo tipo de dogma.

Mettray, como señalan todos los biógrafos, fue la fragua psicológica y emocional de un espíritu que haría de la sátira y la impostura sus principales armas. Lejos de ser un episodio menor, el internamiento en la colonia agrícola fue el germen de la famosa trayectoria de Taxil marcada por la burla, la crítica feroz y el constante cuestionamiento de las instituciones, tanto religiosas como seculares.

Tras su experiencia en la colonia penitenciaria de Mettray, el joven Gabriel-Antoine Jogand-Pagès regresó a Marsella profundamente transformado. Lo que para sus familiares debía haber sido una etapa de corrección y enmienda, se convirtió en el detonante de una rebeldía aún más aguda. Su rechazo hacia el catolicismo institucional, ya en germen durante su infancia, adquirió una forma más explícita y militante. En lugar de volver a una vida familiar ordenada, su espíritu crítico se radicalizó.

Cuando abandonó Mettray, asistió al Instituto Thiers de Marsella, uno de los centros educativos más reputados del sur de Francia. El instituto, marcado por la tradición académica republicana, ofrecía una formación humanista centrada en las letras clásicas, la historia y la filosofía. Aunque no hay constancia detallada de su expediente académico, diversos testimonios indican que su paso por el Instituto Thiers estuvo marcado por tensiones con la autoridad y una creciente hostilidad hacia los discursos moralizantes.

En ese ambiente se acercó a los sectores más radicales del republicanismo anticlerical, que por entonces comenzaban a ejercer una notable influencia entre los jóvenes estudiantes. Allí, y a través de la prensa militante, conoció más de cerca las ideas de figuras polémicas de la época, en especial la de Henri Rochefort, periodista, satírico y polemista célebre por sus ataques frontales contra la Iglesia, la monarquía y el conservadurismo burgués.

Rochefort, fundador del periódico *La Lanterne*, fue una figura clave en el desarrollo ideológico de Léo Taxil. Su estilo combativo, irónico, mordaz y profundamente anticlerical caló hondo en el joven marsellés, que no tardó en emular sus formas y temas. *La Lanterne*, prohibida varias veces por los gobiernos de turno, se convirtió en un símbolo de resistencia intelectual y en un modelo de lo que Taxil posteriormente intentaría hacer: una prensa combativa, escandalosa y con fuerte carga política, destinada a desacralizar el poder eclesiástico y provocar al orden moral establecido.

Por aquella época, el joven Gabriel empezó a escribir panfletos y artículos bajo seudónimos, distribuidos de forma clandestina en los cafés y círculos obreros de Marsella. Su actividad se inscribía en el contexto más amplio del ascenso del republicanismo radical y de las luchas ideológicas de la Tercera República naciente, aún sacudida por las secuelas de la Comuna de París y los intentos de restauración monárquica.

Fue en este contexto de efervescencia intelectual y política cuando se produjo uno de los episodios más reveladores de su juventud: su intento de fuga a Bruselas. Los motivos del intento fueron múltiples: por un lado, las tensiones familiares, alimentadas por su actitud rebelde y su rechazo de la fe; por otro, el deseo de escapar de la vigilancia constante a la que estaba sometido. Además, Bélgica —y en particular Bruselas— era por entonces un refugio para exiliados políticos, librepensadores y agitadores de toda índole.

Gabriel planeó la huida con minuciosidad, pero su intento se vio frustrado. Algunos relatos lo sitúan siendo interceptado por las autoridades o por sus propios familiares, mientras que otros sugieren que fue él mismo quien, sin medios suficientes, desistió en el camino. Lo cierto es que el episodio consolidó su imagen pública de joven rebelde y su leyenda personal como un opositor precoz a toda forma de poder institucional.

Este fracaso no lo desalentó. Al contrario, lo radicalizó aún más. La experiencia reforzó su voluntad de romper con el orden establecido y de construirse como figura pública a través de la provocación, la escritura combativa y la sátira política y religiosa. Poco después, adoptaría el seudónimo de Léo Taxil, en homenaje irónico al personaje de «Taxile Delord», y comenzaría una prolífica carrera como periodista anticlerical, polemista profesional y autor de panfletos que escandalizarían a la Francia católica.

El hecho de que la infancia y adolescencia de Léo Taxil estuvieran marcadas por una educación religiosa tan estricta, experiencias traumáticas en instituciones religiosas y correccionales, estando expuesto desde una edad muy temprana a ideas radicales y anticlericales, condicionó definitivamente su carácter.

Todas estas vivencias influyeron profundamente en su desarrollo personal y profesional, llevándolo a convertirse en la prominente figura de la crítica satírica contra la Iglesia y, posteriormente, en el autor de una de las mistificaciones más notorias del siglo XIX, como veremos a lo largo de esta obra.

Tras abandonar sus estudios en el Instituto Thiers de Marsella y su fallido intento de establecerse en Bruselas, Gabriel-Antoine Jogand-Pagès comenzó a dar sus primeros pasos en el mundo de la imprenta y el periodismo con una energía volcánica y un espíritu decididamente provocador. Si su juventud estuvo marcada por una rebeldía visceral contra toda autoridad, su ingreso en el universo de la prensa se tradujo en una ofensiva declarada contra el clero, las instituciones religiosas y el orden moral tradicional del Segundo Imperio.

En 1875, apenas con veintiún años, fundó en Marsella su primer periódico: *La Marotte*. Este semanario anticlerical –cuyo nombre hace referencia a una marioneta o bastón de bufón, lo que ya anticipaba su tono burlón y satírico– se convirtió en una tribuna de escarnio contra el catolicismo, lleno de caricaturas irreverentes, acusaciones sensacionalistas y una retórica incendiaria. *La Marotte* no solo ejerció como válvula de escape para el resentimiento juvenil de Taxil hacia la Iglesia que lo había internado en Mettray, sino que se convirtió en un auténtico laboratorio de experimentación de un estilo que combinaba el humor grotesco con la denuncia política.

El impacto del semanario fue inmediato, y también lo fue la reacción de las autoridades. *La Marotte* fue objeto de varios procesos judiciales por ofensa a la religión, difamación y escándalo público. El joven periodista se encontró rápidamente en el centro de un torbellino legal que, lejos de desanimarlo, reforzó su convicción de que la mejor manera de atacar a la Iglesia era desde la sátira. Las condenas no tardaron en llegar. En 1878 fue condenado a ocho años de prisión por ataques sistemáticos a la religión católica y ultraje a la moral pública, aunque logró escapar y refugiarse durante varios años en Suiza, donde continuó escribiendo y conspirando desde el exilio.

Durante ese mismo periodo, en 1881, publicó una de sus primeras obras de resonancia amplia: *Las hermanas masonas. Ritos secretos de la masonería femenina revelados por una hermana arrepentida*[1]. Este libro sensacionalista intentaba «revelar» los supuestos rituales esotéricos y las prácticas ocultas de logias exclusivamente femeninas, basándose en testimonios ficticios y descrip-

---

[1] *Les Sœurs Maçonnes. Rites secrets de la franc-maçonnerie féminine révélés par une sœur repentie*, Letouzey et Ané, París, 1886.

ciones imaginativas. El libro explotaba el morbo y el escándalo, mezclando insinuaciones sexuales con acusaciones de herejía, y fue un éxito editorial en los ambientes católicos tradicionalistas y antimasónicos.

La obra combinaba invención deliberada y manipulación ideológica. En ella, Taxil atribuía a las logias de mujeres prácticas como la profanación de símbolos religiosos, la inversión de ritos sacramentales y el uso de fórmulas mágicas de inspiración luciferina. Todo ello con el objetivo de presentar a la masonería no solo como una amenaza política, sino como una organización sacrílega y profundamente anticristiana.

Las hermanas masonas fue también uno de los primeros ensayos de Taxil en lo que más adelante se conocería como «la gran mistificación». Sentaba las bases de una estrategia narrativa que sería perfeccionada en *El Diablo en el siglo XIX* y que alcanzaría su apogeo con la invención del personaje de Diana Vaughan: un universo narrativo propio, donde los límites entre ficción, sátira y propaganda eran deliberadamente difusos.

El éxito de estas primeras empresas editoriales consolidó a Léo Taxil como una figura notoria en los círculos anticlericales de la Tercera República. Su estilo, que combinaba agresividad verbal, invención pseudodocumental y un sentido teatral del escándalo, le valió tanto fervorosos admiradores como enemigos implacables. A partir de este momento, su carrera estaría marcada por una constante oscilación entre el sensacionalismo panfletario y la provocación ideológica, entre el panfleto anticlerical y la gran broma mediática.

Este periodo inicial revela ya no solo al ideólogo, sino también al estratega comunicativo y al fabricante de realidades verosímiles, que sería capaz de seducir incluso a sectores cultos y jerárquicos de la Iglesia con ficciones cuidadosamente diseñadas. *La Marotte* y *Las hermanas masonas* no fueron simplemente publicaciones aisladas, sino la piedra angular de un estilo literario y periodístico que haría de Léo Taxil.

Tras las reiteradas condenas judiciales por ultrajes a la religión y ataques a la moral pública derivados de sus publicaciones en *La Marotte*, Léo Taxil se vio forzado a abandonar Francia en 1878 para evitar la cárcel. Su destino fue Suiza, país que durante todo el siglo XIX había servido de refugio a revolucionarios, librepensadores y disidentes políticos. Se instaló primero en Lausana y después en Ginebra, donde encontró un entorno relativamente favorable a sus ideas, una infraestructura editorial activa y, sobre todo, una atmósfera de libertad propicia para continuar su cruzada contra el clero y la Iglesia católica.

Ginebra, cuna del protestantismo calvinista, ofrecía a Taxil una doble ventaja: le daba distancia física de la represión judicial francesa, y un entorno simbólico desde el cual lanzar sus dardos anticatólicos con mayor repercusión. Allí relanzó su actividad publicística con un estilo todavía más agresivo, aprovechando el clima político favorable a los discursos antirromanos y secularistas. Comienza así una fase de producción editorial febril en la que se mezclan panfletos incendiarios, libelos paródicos y falsas investigaciones históricas, todos con un objetivo: minar el prestigio moral y político de la Iglesia.

Entre los títulos más destacados de este periodo ginebrino figuran: *Bonetes y boneteros. Historia ilustrada del clero y de las congregaciones*[2], obra ilustrada que ridiculiza al clero con caricaturas burlescas, relatos de corrupción y escándalos sexuales. El título juega con la palabra *calotte* (bonete eclesiástico) y *calotin* (clericalismo hipócrita), señalando una intención satírica explícita. Su tono desvergonzado convirtió el libro en un éxito de ventas; *Pío IX ante la Historia: su vida política y pontifical. Sus devaneos, sus locuras, sus crímenes*[3], uno de sus panfletos más agresivos, donde acusa al papa Pío IX no solo de errores políticos, sino de depravación personal. Presentado como una biografía política y pontificia, combina anécdotas difamatorias con supuestos datos biográficos extraídos de fuentes «secretas», en realidad inventadas; y *La farsa política*[4], sátira ilustrada sobre la clase política francesa y su connivencia con el clero. En ella, políticos y religiosos aparecen como animales de una feria grotesca,

---

[2] *Calotte et calotins. Histoire illustrée du clergé et des congrégations,* Ginebra, 1879.
[3] *Pie IX devant l'Histoire: sa vie politique et pontificale – ses débauches, ses folies, ses crimes,* Ginebra, 1879.
[4] *La Ménagerie politique,* Ginebra, 1980.

lo que le permitió a Taxil caricaturizar no solo al Vaticano, sino también a sectores conservadores de la Tercera República.

Este periodo está marcado también por la publicación de numerosos folletos y artículos en los que Taxil no se limitaba a atacar dogmas, sino que buscaba minar la autoridad clerical por medio del escarnio. En sus obras, el sacerdote no es solo un símbolo de hipocresía o poder reaccionario, sino también un personaje grotesco, decadente, risible. La fórmula era simple pero eficaz: combinar pseudodocumentos, humor popular, lenguaje mordaz e imágenes impactantes. Su estilo anticipa en cierto modo la propaganda de guerra y la prensa amarillista del siglo XX.

Durante estos años su figura empezó a adquirir notoriedad más allá de los círculos franceses exiliados: sus libros eran reimpresos y distribuidos clandestinamente en Francia, generando un interés creciente entre sectores anticlericales militantes, y una profunda irritación en las autoridades eclesiásticas. La prensa católica, por su parte, lo calificó de «enemigo de la fe», «blasfemo reincidente» y «autor de escándalos públicos».

La autoedición y el pseudónimo fueron herramientas clave en esta etapa. Taxil comprendió que para mantener su independencia debía controlar la producción y distribución de sus obras. Es en Ginebra donde empieza a firmar consistentemente como *Léo Taxil*, construyendo una identidad autoral que ya no era solo un seudónimo, sino una marca polémica reconocible, temida y vendida.

Este ciclo de publicaciones culmina con la obra *La vida de Jesús*, Ginebra (1882), una especie de parodia blasfema del Evangelio, donde Jesús es presentado como un personaje vulgar y sus discípulos como rufianes, obra que fue condenada unánimemente incluso por algunos librepensadores por considerarla excesiva y ofensiva.

El exilio suizo de Léo Taxil fue mucho más que una retirada táctica. Fue un laboratorio de radicalización ideológica y estilística, en el que definió su estilo definitivo: una combinación de panfleto combativo, sátira grotesca y manipulación estratégica de la credulidad popular. Fue también el momento en que el polemista se convirtió en provocador profesional, y en que el humor se tornó en arma política de largo alcance.

Este periodo allana el camino para lo que será su segunda gran transformación: su falsa conversión al catolicismo, preludio de la mistificación más colosal de su carrera.

De vuelta en París, Taxil se integró plena y gustosamente en la fuerte corriente anticlerical de la época, poniendo su talento al servicio de toda clase de publicaciones, grandes o pequeñas, que desprestigiaran como fuera a la Iglesia católica, especialmente a través de la sátira o la burla.

A pesar del momento relativamente anticlerical que se vivía en aquellos tiempos en Francia, en 1879, el siempre humoroso activista Léo Taxil volvió a encontrarse con problemas de carácter judicial por la publicación de su panfleto ¡*Abajo la sotana*!⁵. Se le acusaba de insultar y difamar a una religión que, pese a todo, estaba reconocida por el estado.

Se trataba de una violenta y satírica obra anticlerical escrita con un tono insultante y provocador contra la Iglesia católica, el clero, y en particular contra figuras e instituciones eclesiásticas. El contenido del libro fue considerado por las autoridades blasfemo, injurioso y escandaloso, porque en aquel periodo en el que el Segundo Imperio había dado paso a una Tercera República, todavía existía un cierto equilibrio entre fuerzas conservadoras y laicas. El texto contenía pasajes que ridiculizaban los sacramentos, insultaban a religiosos y religiosas, y promovían el desprecio público hacia la Iglesia. La sociedad francesa, aunque vanguardista en estos temas de la laicidad, no podía asumir unas posiciones tan abiertamente destructivas hacia un credo religioso que seguía gozando de la aprobación de la mayor parte de la población.

Llevado a juicio por todo esto en 1881, Taxil resultó finalmente absuelto. Este episodio consolidó su fama de polemista provocador. Durante los siguientes años publicó numerosos escritos antirreligiosos bajo diferentes seu-

---

⁵ *À bas la calotte !*, Librairie Anticléricale, París, (1879).

dónimos, en los que mostraba una peculiar erudición complementada con su «exquisita» sátira burlesca. Eran obras que atacaban con sarcasmo los dogmas y la historia de la Iglesia, a menudo con un lenguaje desmedido. Este estilo irreverente, en definitiva, le valió tanto seguidores entusiastas entre librepensadores, como denuncias de las autoridades eclesiásticas y conservadoras de la época.

Léo Taxil no tardó en forjarse una gran reputación como escritor anticatólico y anticlerical de pluma mordaz. Entre 1879 y 1884 publicó una serie de libros y folletos que causaron sensación por su tono satírico irreverente hacia la Iglesia. Obras como *La Biblia divertida*[6] y *La vida de Jesús*[7] presentan relecturas humorísticas de las Escrituras, señalando con ironía las *inconsistencias* y *errores* de la Biblia y la historia sagrada.

En estos escritos, Taxil ridiculizaba los relatos bíblicos y doctrinas cristianas mediante anécdotas grotescas y diálogos burlones. Por ejemplo, en *La vida de Jesús* llegaba a retratar a San José como un esposo engañado que cuestiona incrédulo el embarazo milagroso de María, parodiando el relato de la Anunciación. Esta desmitificación sardónica de los Evangelios escandalizó a muchos lectores devotos, a la vez que divertía a los círculos librepensadores.

Taxil también dirigió sus sátiras contra la jerarquía eclesiástica contemporánea. Publicó panfletos de corte sensa-

---

[6] *La Bible amusante*, Librairie Anticléricale, París (1882).
[7] *La Vie de Jésus*, Librairie Anticléricale, París (1882).

cionalista que exponían supuestos vicios ocultos del clero. Títulos elocuentes como *Los pornógrafos sagrados: la confesión y los confesores*[8] o *Las amantes del Papa*[9] presentaban a los altos prelados y hasta a los papas como *hedonistas libertinos*, entregados en secreto a placeres carnales dignos del Marqués de Sade.

En estos libelos, escritos a menudo en colaboración (por ejemplo con Karl Milo), Taxil acusaba a confesores y pontífices de hipocresía y conducta lasciva, describiendo escenas de voluptuosidad en los confesionarios y la corte pontificia. Tales contenidos rayaban en la pornografía satírica, lo que le ganó a Taxil fama de «pornógrafo anticlerical» en la prensa conservadora de la época. De hecho, sus publicaciones fueron tildadas de obscenas y perseguidas legalmente en varias ocasiones. Pese a ello, gozaron de amplia difusión en la Francia de la época, alimentando el anticlericalismo popular y exacerbando el debate público entre la Iglesia y sus detractores.

El estilo literario de Taxil en esta etapa se caracterizaba por el sarcasmo mordaz, la exageración caricaturesca y un afán provocador. No tenía reparos en combinar datos históricos con pasajes inventados de tono burlesco para desacreditar a la Iglesia. Su objetivo explícito era ridiculizar a las autoridades eclesiásticas y minar su prestigio ante la opinión pública. En palabras del propio Taxil, él

---

[8] *Les pornographes sacrés: la confession et les confesseurs*, Charles Unsinger, París (1882).
[9] *Les maîtresses du Pape*, Librairie Anticléricale, París (1884).

se consideraba «el gran mentiroso de la época», un embustero creativo que usaba la farsa para dejar en evidencia a sus adversarios. Esta actitud cínica y jocosa permeó todas sus obras anticlericales. No es de extrañar que fuera considerado un *enfant terrible* de la literatura satírica francesa finisecular. Sus libros, a medio camino entre la denuncia y la difamación humorística, tuvieron un impacto notable en el panorama intelectual francés, ilustrando la virulencia de la lucha ideológica entre clericales y anticlericales en la Tercera República.

Con el paso de los años, Léo Taxil destacaba cada vez más como gran agitador, y en su prometedora carrera como tal empezó a interesarse por el sugerente y misterioso mundo de la masonería, señalada como autora de todos los males existentes por la Iglesia católica. Lo cierto es que la masonería, por entonces, atraía principalmente a los círculos progresistas republicanos por su afinidad con los valores de «libertad, igualdad y fraternidad» que reivindicaba desde sus comienzos, frente a la incontenida repulsa que la Iglesia tenía hacia estos.

Tan pronto como se vio absuelto en su último juicio de 1881, Taxil fue iniciado en la logia parisina Les Libres Penseurs del Gran Oriente de Francia, de marcado carácter anticlerical y racionalista, en consonancia con los ideales republicanos y laicistas de la Tercera República. No obstante, su permanencia en esta logia, y en la masonería, fue muy breve, pues nada en concreto le había llevado a ella salvo una oculta estrategia para arremeter contra su eterna obsesión: la Iglesia católica.

En 1882 fue *irradiado* (expulsado) del Gran Oriente de Francia por «conducta escandalosa y falta de ética». Debido a su historial de escritos provocadores, anticlericales y de humor corrosivo, incluso dentro del ambiente progresista y laicista de su logia, se consideró que su actitud resultaba incompatible con los principios masónicos, agravado todo ello por su afán de notoriedad, su evidente uso instrumental de la masonería y su comportamiento irreverente frente a los hermanos de la logia.

Contra el más elemental principio de discreción que todo masón debía poseer, exponía públicamente su filiación en artículos y publicaciones con el fin de reforzar su autoridad intelectual, lo que irritaba al Gran Oriente de Francia y al resto de obediencias, que en todo momento reivindicaban el principio de humildad y respeto con todos los seres humanos. En sus proclamas hacía entrever que se trataba de la opinión generalizada dentro del mundo de la masonería, con cuya aquiescencia parecía contar.

A todo esto se sumaba una falta de compromiso y un uso oportunista de todos los medios masónicos. Estaba claro que su ingreso en la masonería obedecía más a un plan estratégico que iniciático, lo que corroboraba definitivamente su falta de participación en los trabajos masónicos. Su adhesión no había sido sincera y procedía la inmediata y contundente *irradiación*, lo cual quedó debidamente registrado en los archivos del Gran Oriente de Francia.

A partir de aquí es cuando empieza su famosa «conversión fraudulenta» al catolicismo que culminaría en la ya histórica «Broma de Taxil»: una larga y compleja operación de burla tanto a la Iglesia como a la masonería, que duró más de una década y acabó con una esperpéntica confesión pública en 1897.

DEL ANTICLERICALISMO
A LA GRAN FARSA

Tras su expulsión del Gran Oriente de Francia, Taxil cambia el rumbo de su fervor polémico, antes dirigido contra la Iglesia, hacia un nuevo objetivo: las propias logias masónicas. Ante el pasmo general, el acérrimo anticlerical se presentaba ahora como aliado de la Iglesia en su santa lucha contra los masones y sus sacrílegas ideas.

Con una habilidad y constancia fuera de lo común urdió un engaño de proporciones increíbles que involucró tanto a la Iglesia católica como a la masonería. El plan se gestó con el trasfondo histórico de la época en que el papa León XIII había publicado, en 1884, la encíclica *Humanum genus*[10], un documento fanáticamente antimasónico que denunciaba a la francmasonería como una amenaza diabólica para la sociedad cristiana.

---

[10] Véase el texto completo más adelante en esta obra.

Pero esta conversión no fue fruto de una epifanía sincera, sino el primer movimiento de una compleja y brillante
operación de mistificación. Taxil sorprendía de esta manera a todo el mundo mostrándose de pronto como uno
de los más entusiastas defensores de la llamada del Pontífice para combatir a los masones. Movido por razones
que seguramente solo él conoció, y que podrían ir de la
sed de venganza por su reciente expulsión de la masonería a su inagotable deseo de notoriedad, o simplemente
por su afición a la farsa, Taxil orquestó una inaudita conversión al catolicismo inducida por algún tipo de ilumi-
nación repentina. Así, en el año 1885 anunció solemnemente su renuncia definitiva a todas sus manifestaciones
anticlericales pasadas, al tiempo que acataba con una fe
incondicional los principios de la Iglesia católica por ser
«los únicos verdaderos».

Públicamente y con gran ostentación mostró un profundo arrepentimiento por «los ríos de tinta que había
vertido difamando al clero». Se confesaba de esta manera
a la luz pública de su gran pecado, declarándose resuelto
a pedir perdón y reparar todos los errores cometidos en
el pasado. Y para dejar bien clara su nueva condición de
pecador arrepentido y su definitiva adhesión a la fe católica, publicó su obra *Confesiones de un exlibrepensador*[11], donde expresaba el arrepentimiento que sentía por
sus anteriores ataques a la Iglesia.

---

[11] *Confession d'un ex-libre penseur*, Letouzey et Ané, París (1887).

Publicada en 1885, *Confesiones de un exlibrepensador* se puede considerar como la obra programática con la que Taxil anunció su supuesta conversión del anticlericalismo militante al catolicismo. Es una de las piezas clave en esta etapa intermedia de su vida entre su virulencia antirreligiosa y la «mistificación» que culminaría con su confesión pública en 1897.

La publicación se presentó como el relato autobiográfico de un hombre que, tras años de luchar contra la Iglesia, había encontrado la verdad y la redención en el seno del catolicismo. Es básicamente una autobiografía moral y espiritual, intercalada con episodios polémicos y argumentaciones religiosas, que puede dividirse en tres partes principales. Una primera que abarca su infancia y juventud anticlerical, en la que Taxil relata su formación en Marsella y su temprano alejamiento de la fe católica. Describe su atracción por el racionalismo, el positivismo y las ideas del librepensamiento, que consideraba al principio como una forma de emancipación intelectual. En esta etapa abraza el anticlericalismo como una «militancia heroica contra la superstición y el oscurantismo».

Sin embargo, no deja de esbozar un testimonio lleno de ironía retrospectiva, subrayando lo que luego considera «errores juveniles», presentándose como víctima de un ambiente intelectual viciado, dominado por el odio al cristianismo.

En la segunda parte, centrada en su actividad pública como militante anticlerical, Taxil detalla su carrera como escritor y editor de publicaciones blasfemas, su adhesión a logias masónicas y el papel que desempeñó en campañas contra el clero. Se describe a sí mismo como un hábil manipulador de emociones y un provocador profesional, que supo explotar el anticlericalismo para obtener fama y dinero. Es aquí donde comienza el tono de arrepentimiento y crítica hacia su pasado al reconocer que su éxito se basaba más en el sensacionalismo que en la verdad, y que sus argumentos contra la fe eran superficiales y malintencionados.

La tercera y última parte, centrada ya en su conversión, es una apología fervorosa del catolicismo. Taxil afirma que, al estudiar con más profundidad los textos religiosos, comenzó a entender el mensaje del Evangelio y la grandeza de la Iglesia. Expone su conversión como un proceso interno, silencioso, que se fue gestando lentamente hasta alcanzar una convicción profunda. Acusa, en incomprensible comparación, al librepensamiento de ser una «religión de odio» y a la masonería de constituir una conspiración contra la moral, la sociedad y Dios, al tiempo que aplaude la labor del papa León XIII y defiende la autoridad pontificia como única garantía de verdad.

El tono general de la obra oscila entre el testimonio personal y el panfleto ideológico. Taxil emplea una prosa directa, a veces melodramática, con toques de teatralidad y pasión moralista, que convence. Es evidente que el autor conocía los códigos del discurso religioso y que sabía cómo adaptar su retórica al público católico. A lo largo del texto, adopta un tono confesional (casi penitencial) y polemiza intensamente contra sus antiguos compañeros de ruta.

En el momento de su publicación, la obra fue celebrada por sectores católicos como un ejemplo de «retorno del hijo pródigo». Taxil fue recibido con entusiasmo por varios clérigos e intelectuales religiosos, que vieron en él una figura providencial en la lucha contra la masonería y el librepensamiento, verdadera obsesión de la Iglesia. A raíz del éxito de esta obra, comenzó a publicar una serie de textos de propaganda antimasónica cada vez más elaborados y fantasiosos, como *Diana Vaughan, La franc-masonería luciferina*[12] y otros que le supusieron un variopinto fondo bibliográfico antimasónico.

Confesiones de un exlibrepensador puede entenderse como el primer acto de la operación satírica que culminaría doce años más tarde. En 1897, en la famosa rueda de prensa de París donde Léo Taxil confesaba que toda su conversión y su cruzada católica habían sido una farsa para demostrar la credulidad de la Iglesia y burlarse de sus adversarios.

A pesar de lo desacreditado que pueda estar por su origen fraudulento, *Confesiones de un exlibrepensador* es un texto relevante desde el punto de vista histórico y cultural pues constituye un testimonio del clima ideológico de la Tercera República francesa. Es una muestra clara de

---

[12] *Diana Vaughan Mémoires d'une ex-palladiste,* Delhomme et Briguet, Éditeurs (1896).

la eficacia de la propaganda sensacionalista en contextos polarizados y un ejemplo de literatura religiosa construida con fines manipulativos.

Naturalmente, es una obra que no debe leerse como una autobiografía sincera, sino como un dispositivo retórico al servicio de un engaño sofisticado. Su valor reside no tanto en la veracidad de lo que relata, sino en su poder performativo: el modo en que influyó en la opinión pública, movilizó discursos religiosos y fue instrumentalizada por los sectores antimasónicos para reforzar sus argumentos, lo que la convierte en un documento que permite entender cómo se construyen los relatos ideológicos, cómo se manipula la credulidad colectiva y cómo incluso las «confesiones» pueden ser vehículos de ficción.

Gracias a esta obra y a sus vehementes declaraciones públicas, Taxil recibió innumerables folletos religiosos y recomendaciones piadosas para llevar a cabo actos de penitencia que le redimieran de sus grandes errores, tan humildemente confesados. Y con su nueva pose beatífica consiguió que la Iglesia aceptara su conversión como sincera, genuina y espiritualmente verdadera, obteniendo así la absolución eclesiástica por sus antiguas blasfemias.

A partir de entonces, y un poco sorprendido también por la calurosa bienvenida del mundo eclesiástico, Taxil aceleró con renovado ímpetu su campaña literaria antimasónica, convirtiéndose paradójicamente en un aliado de los mismos sectores católicos que antes habían sido blanco de sus burlas.

EL INVENTOR
DE LA CONSPIRACIÓN
MASÓNICA MODERNA

A partir de 1885 inicia una avalancha publicaciones en forma de artículos, libros y folletos con el objetivo de «desenmascarar» los supuestos secretos oscuros de la francmasonería. En estas obras, Taxil acusaba a las logias masónicas de rendir culto a Satanás y de cometer toda clase de actos abominables.

Uno de los primeros títulos de esta nueva «línea editorial», quizás de los más importantes en cuanto a su difusión, fue *Los misterios de la francmasonería revelados por primera vez al gran público*[13], publicado en 1886, donde revelaba las conexiones existentes entre la masonería y prácticas satánicas.

Los misterios de la francmasonería es, sin duda, la obra emblemática de Léo Taxil como revelador de los

---

[13] *Les Mystères de la franc-maçonnerie dévoilés*, Librairie antimaçonnique, París, (1886).

funestos secretos de la masonería que tanto mal hacían al mundo, tal como predicaba y quería escuchar la Iglesia católica del momento. Se presentaba como una denuncia minuciosamente documentada de las prácticas y rituales masónicos.

La obra estaba profusamente ilustrada con grabados que representaban confusas escenas de rituales y símbolos masónicos, todo ello de una gran riqueza ilustrativa que ofrecía al lector un efecto visual impactante.

Era un trabajo voluminoso, bien editado, de alrededor de 600 páginas publicado bajo el sello editorial de sobrada elocuencia «Librairie Antimaçonnique de Léo Taxil». Contenía más de 250 grabados en blanco y negro, muchos a página completa, que se presentaban como ilustraciones «documentales», representando ceremonias, trajes, símbolos, emblemas y supuestas escenas rituales masónicas. Algunas de la ilustraciones tenían una fuerte carga satírica o caricaturesca, como era habitual en las publicaciones de Taxil.

Muchos de los grabados calcográficos eran de estilo historicista, con estética decimonónica similar a los grabados anticlericales y a las ilustraciones de libros de divulgación popular o panfletarios de la época, que él mismo había empleado en su vida librepensadora anterior.

En esta obra Taxil organizó pormenorizadamente su fantástica revelación de los secretos de la masonería en diez partes.

Primera: dedicada a la organización de las logias sim-bólicas, también llamadas logias de la masonería azul, en la que describe los tres primeros grados de Aprendiz, Compañero y Maestro, con sus respectivas ceremonias de iniciación.

Segunda: en la que habla de los capítulos que forman la masonería roja, abordando el significado de los grados que incluyen, junto con sus rituales.

Tercera: los areópagos que forman la conocida como masonería negra, centrándose en los grados filosóficos y sus supuestas prácticas ocultas.

Cuarta: la dirección suprema, los últimos grados, cono-cidos como masonería blanca, en la que revela los gran-des secretos de la cúpula dirigente de la masonería y sus oscuros objetivos.

Quinta: lo que llama masonería selvática o el carbona-rismo, en la que analiza algunas sociedades secretas afi-nes a la masonería.

Sexta: las hermanas masonas, explorando la participa-ción femenina en la masonería.

Séptima: el papel de la masonería en la sociedad, exa-minando la influencia masónica en la política y la cultura.

Octava: ceremonias diversas de la masonería, detallan-do rituales y símbolos masónicos.

Novena: los ritos masónicos, comparándolos entre sí y exponiendo sus tradiciones.

Décima: un resumen histórico en el que ofrece una visión general de la evolución de la masonería a lo largo de la historia.

Aunque aderezada a veces con el personal sarcasmo taxiliano, es una obra sorprendentemente completa, en la que se reflejan con cierta fidelidad los procedimientos, rituales, usos y costumbres de la masonería de la época. Su organización en formato tratado describe los grados, muestra las ceremonias en forma de relato, animadas con supuestas confesiones y testimonios, al tiempo que revela documentación presuntamente «oculta», cosa que no era cierta porque en aquellos tiempos estaba ya todo publicado, e incluía opiniones de condena del propio autor.

La obra tenía un estilo retórico, con un lenguaje grandilocuente, dramático y apelativo, usando frecuentemente exclamaciones, hipérboles y preguntas retóricas. Esto, combinado con algo de pseudohistoria, moralismo y un estilo sensacionalista, impresionaban al lector de su tiempo, especialmente el de los sectores católicos y antimasónicos, que la consideraron una revelación sobre las supuestas prácticas ocultas de la masonería.

Lo que hace esta obra realmente útil es como documento histórico significativo para entender las tensiones ideológicas de la época y la manera en que se construyeron discursos conspirativos en torno a la masonería. El libro refleja cómo la manipulación de símbolos y rituales puede ser utilizada para alimentar prejuicios y miedos colectivos.

En 1887 aparece una nueva publicación antimasónica: *La francmasonería revelada y explicada*[14]. Aprovechando el momento álgido del antimasonismo europeo que se vivía, Taxil concibió esta obra para que se convirtiera, junto con *Los misterios de la francmasonería*, en uno de los textos centrales de la campaña sensacionalista recientemente lanzada tras su conversión al catolicismo. Es una suerte de tratado divulgativo que pretende revelar los secretos y prácticas ocultas de la masonería a un público católico y conservador ansioso por confirmar sus temores sobre las sociedades secretas.

Taxil quiere aprovechar aquí el impacto que estaba teniendo la encíclica *Humanum genus* del papa León XIII publicada en 1884, que condenaba rotundamente a la masonería. Al amparo de este clima eclesiástico antimasónico, supo colocar muy bien su obra en un entorno con una fuerte demanda editorial contra la masonería.

La francmasonería revelada es una mezcla de exposición doctrinal, acusaciones escandalosas y supuestas descripciones internas de rituales. Habla de los orígenes legendarios de la masonería, reinterpretados por el mismo Taxil desde un marco anticristiano; de rituales de iniciación descritos con tonos sensacionalistas y a menudo falsificados; de las jerarquías internas y grados, con abundante invención y distorsión; de simbolismo masónico,

---

[14] *La Franc-maçonnerie dévoilée et expliquée*, Letouzey et Ané, París (1887).

que reinterpreta como satánico y de otros temas que frecuentemente distorsiona a su gusto.

También aporta testimonios apócrifos de supuestos exmasones, de su invención, y expone la relación entre masonería y política, acusándola de conspiraciones contra la Iglesia y los Estados cristianos. Además, hace una primera presentación del escandaloso asunto de Diana Vaughan, que ampliará generosamente en ediciones posteriores, una figura mítica presentada como exsacerdotisa luciferina, que al final se revelará como pieza central en la farsa taxiliana.

Aunque la veracidad documental de todo lo que cuenta Taxil en esta obra brilla por su ausencia, su hábil lenguaje retórico cargado de dramatismo, con abundancia de adjetivos y afirmaciones grandilocuentes, logra una narrativa entretenida y eficaz que cumple con su cometido de desacreditar profundamente a la masonería. El lector encuentra aquí un relato animado, con anécdotas pseudohistóricas, ilustraciones impactantes, algunas tomadas de rituales reales y modificadas, así como afirmaciones morales que buscan y consiguen despertar la indignación religiosa.

Es digno de resaltar que la obra tuvo un impacto tan grande en el público católico de finales del siglo XIX, que cuando Taxil confesó en 1897 que toda su campaña antimasónica era una «mistificación» satírica, el contenido siguió circulando en los ambientes tradicionalistas y conspirativos en forma de folletos, artículos y suplementos de diversas publicaciones sin mencionar en ninguna parte que todo era un fraude, otorgándole plena veracidad.

Al igual que lo que ocurre con la anterior gran publicación antimasónica de Taxil, *La francmasonería revelada* se ha de estudiar no por su valor informativo, sino como ejemplo paradigmático de literatura conspirativa y de manipulación mediática de masas.

El mismo año en que vio la luz *La francmasonería revelada* aparece a la venta una nueva entrega de la campaña antimasónica de Léo Taxil. Se trata de las *Confesiones de un exlibrepensador*, lo que corrobora el ímpetu editorial del autor, así como su dudosa calidad documental.

Es una obra que presenta como su propia confesión de converso arrepentido del librepensamiento, en la que ataca con gran virulencia a la francmasonería, al libre pensamiento y al secularismo. Constituye una «confesión» pública en toda regla sobre los errores de su pasado como ateo militante y librepensador, y una vindicación del catolicismo como única vía hacia la verdad y la salvación.

Narrada en primera persona, a modo de autobiografía ideológica, sigue una secuencia narrativa clara, aunque no llega a estructurarse de manera rigurosamente académica. Empieza haciendo un repaso de su infancia y de su juventud hasta llegar a su entrada en el movimiento librepensador y posteriormente el masónico. Reconoce las negativas actividades periodísticas y editoriales anteriores a su conversión hasta llegar al gran desencanto con el librepensamiento y, especialmente, la masonería, concluyendo con la narración de su conversión al catolicismo y un sonado ataque ideológico a sus antiguos compañeros y posturas.

Taxil se sirve de esta nueva obra antimasónica para criticar al ateísmo y al racionalismo, cuestiones nada exclusivas de la masonería, argumentando que el librepensamiento conduce al nihilismo, a la pérdida de valores y al caos moral. Su intención también es desenmascarar el librepensamiento como forma organizada mediante asociaciones laicas que no buscan el bienestar colectivo, sino socavar la fe y el orden social.

Con un relato impregnado de elementos melodramáticos y redentoristas Taxil pone de ejemplo al mundo su propia conversión espiritual como el despertar a la verdad tras años de oscuridad intelectual. En el texto no faltan las referencias a los dogmas de la Iglesia, encíclicas papales, santos, y una exaltación mística de la fe católica frente al «materialismo» del siglo XIX, todo ello en un estilo panfletario, con un tono vehemente, lleno de exclamaciones, ironías y apelaciones emocionales. En realidad, no se podría decir que se trata de una confesión serena o introspectiva, sino más bien de un ajuste de cuentas público con sus antiguos aliados intelectuales y doctrinas previas.

Como en todas las publicación que hizo contra la masonería, *Confesiones de un exlibrepensador* fue celebrada por sectores católicos conservadores como prueba de la victoria espiritual del catolicismo sobre el secularismo, lo que no quita que fuera recibida con escepticismo por parte de católicos más moderados, y con abierta hostilidad por parte de masones y librepensadores. Años después, cuando Taxil reveló que toda su conversión y sus textos antimasónicos fueron parte de un engaño, la obra quedó en entredicho como una obra satírica o cínica, y nada sincera.

Una vez más, si bien desde el punto de vista de la veracidad el texto ha sido ampliamente desacreditado, su valor documental sigue siendo considerable como herramienta de propaganda ideológica del catolicismo antimoderno de la Francia de la Tercera República y como muestra del discurso conspirativo que vincula masonería y decadencia moral.

Otra de las obras que forma la cartera antimasónica de Taxil fue *El Vaticano y los masones*[15], que vio la luz en 1886. Se trata de un texto marcado por la lucha entre la Iglesia católica y los poderes republicanos, liberales y laicistas que se mantenía como una constante en el clima ideológico de la Tercera República. En esta Francia polarizada, la masonería era percibida —a menudo de manera exagerada o conspirativa— como un actor político de peso, responsable de la secularización del Estado y el anticlericalismo institucional.

En *El Vaticano y los masones* Taxil recoge con cierto desorden varias bulas papales, junto con diferentes textos encíclicos, entre los que intercala supuestos hechos y testimonios que pretenden documentar la lucha «secreta»

---

[15] *Le Vatican et les francs-maçons*, Letouzey et Ané, París (1886).

entre la Iglesia católica y la masonería. El tono de la obra es, como siempre, muy exaltado, con un leguaje inflamado, abundante uso de ironía, sarcasmo y burla, repleto de anécdotas dudosas, acusaciones sin pruebas y elaboradas tramas de conspiración. Habla de la infiltración masónica en las instituciones europeas, supuestas traiciones dentro de la jerarquía eclesiástica, presuntos rituales luciferinos entre altos grados de la masonería y otras rocambolescas acusaciones de espionaje, corrupción moral y decadencia espiritual.

Toda la obra antimasónica de Taxil rezuma una falsa erudición, siempre con citas manipuladas, documentos inventados o sin referencias. El uso de la palanca del sensacionalismo para atraer al lector es constante, con una permanente concepción dualista de «Iglesia/Bien, Masonería/Mal». Obviamente, lejos de aspirar a una verdad documental, el fin de Taxil era desacreditar la masonería ante los ojos del público católico y conservador, con el calculador objetivo de desprestigiar a la Iglesia católica a largo plazo, cuando se revelara que todo era una farsa.

El Vaticano y los masones se convirtió en uno de los libros antimasónicos más influyentes del siglo XIX, utilizado por grupos católicos integristas como base doctrinal. A largo plazo quedó marcado como un fraude histórico, pero sus ideas perduraron en el imaginario conspirativo. Fue un auténtico fenómeno de masas que demuestra el poder de los medios para moldear percepciones colectivas.

DIANA VAUGHAN Y EL APOGEO DEL FRAUDE ANTIMASÓNICO

Diana Vaughan es uno de los personajes más célebres y fabulosos inventados por Léo Taxil, y constituye el eje central de uno de los fraudes literarios y mediáticos más impactantes del siglo XIX. Su historia mezcla satanismo, masonería, revelaciones sensacionales, falsas conversiones y una compleja maniobra de manipulación ideológica.

Los escritos antimasónicos de Léo Taxil iban escalando en dramatismo y detalle macabro año tras año, alimentando lo que se conocería como la mitología del «Palladismo». Según Taxil, existía en los altos grados masónicos una secta secreta luciferina llamada la Orden Palladista, dedicada a la adoración de Lucifer (Baphomet) mediante rituales blasfemos. La pieza central de esta fábula fue la aparición de un personaje supuestamente real: Diana Vaughan, presentada como una ex-suma sacerdotisa del luciferismo masónico convertida al catolicismo.

El personaje fue presentado como una aristócrata estadounidense, de gran belleza, inteligencia, sensibilidad espiritual y heroísmo moral. Según Taxil, Diana Vaughan había nacido en una familia profundamente involucrada en el satanismo masónico, y había sido iniciada en los más altos grados del luciferismo ritual.

La función de Diana Vaughan era servir como «testigo interno»: una mujer iniciada en los más altos rangos del supuesto Rito Palladista, rama luciferina secreta de la masonería, de la que habría escapado gracias a una revelación divina. Representaba la figura de la pecadora arrepentida, muy popular en el imaginario católico.

Taxil afirmaba haber conocido a Diana y obtenido de ella la estremecedora confesión de las prácticas satánicas de la secta palladista. A partir de 1895 comenzó a publicar folletos con las memorias de Diana Vaughan, bajo el título genérico *Diana Vaughan. Memorias de una ex-palladista*, escritos por él pero atribuidos a ella. En esos textos se narraban episodios fantásticos: demonios encarnados con cola de reptil tocando el piano, misas negras con orgías indescriptibles, apariciones del mismo Lucifer dando órdenes a los masones, sacrificios rituales y toda clase de excesos que alimentaban la imaginación popular.

Diana Vaughan, según Taxil, era nada menos que la prometida de un demonio mayor (Asmodeo) y relataba haber volado en cuerpo astral hasta el planeta Marte en compañía demoníaca. Finalmente, narraba su *redención milagrosa* al pronunciar el nombre de Juana de Arco, lo que hacía huir despavoridos a los demonios y le permitía escapar de la secta.

El personaje alcanzó fama internacional en poco tiempo. La figura de Diana Vaughan era citada por prelados, conferenciantes, activistas católicos y panfletistas antimasones como testimonio clave del vínculo entre masonería y satanismo. Se convirtió en protagonista habitual de folletos, caricaturas, artículos, sermones y conferencias. En 1896, Taxil incluso organizó una gira por Europa, prometiendo que Diana Vaughan aparecería en público… cosa que nunca ocurrió.

Estos folletos fueron recibidos con entusiasmo por sectores ultracatólicos y por la prensa integrista, que los promovió con entusiasmo como prueba definitiva de la perversión masónica. No obstante, hay que señalar que la Santa Sede no apoyó oficialmente la veracidad de las obras, aunque sí lo hicieran sectores católicos militantes. El sector ultraconservador francés encontró en Vaughan un icono casi mártir: bella, redimida, valiente, enemiga de los masones. Estamos también ante un caso de uso político de la figura femenina redimida en contextos de guerra ideológica.

Aunque fue posteriormente expuesta como una farsa, la leyenda de Diana Vaughan persistió. Algunos sectores sostuvieron que la mujer existió realmente, pero fue silenciada. El personaje reapareció décadas después en obras conspiracionistas, y es citado aún hoy en círculos extremistas y en literatura antimasónica.

Estas historias, por extravagantes que hoy parezcan, fueron en su momento ampliamente creídas en ciertos círculos. Taxil complementó las memorias de Diana Vaughan con otros textos pseudodocumentales para dar verosimilitud a la farsa. Por ejemplo, en 1895 publicó *El diablo en el siglo XIX*[16], un voluminoso «estudio» en varios tomos sobre la infiltración satánica en la masonería, firmado bajo el seudónimo «Dr. Bataille».

La obra *El diablo en el siglo XIX* representa el cénit de la «Broma de Taxil». Fue publicada en fascículos (folletín) con gran éxito en Francia y posteriormente en otros países de Europa. Este Dr. Bataille se presentaba como otro supuesto investigador de los oscuros secretos masónicos, cuando en realidad era el propio Taxil (y posiblemente algunos colaboradores) escribiendo bajo nombre falso.

Taxil utilizó otros alias como «Paul de Régis» (con el que llegó a fingir como secretario general de una Liga Católica Antimasónica) y se benefició de la colaboración de personajes reales como Abel Clarin de la Rive, un ferviente católico antimasonista que coeditó con él la revista *La France chrétienne anti-maçonnique*. Toda esta actividad editorial estaba cuidadosamente orquestada para reforzar la credibilidad del engaño, creando una red ficticia de testigos y eruditos que confirmaban la existencia del culto luciferino en las logias.

---

[16] *Le diable au XIXè siècle* (1895).

El diablo en el siglo XIX mezcla narrativa supuestamente factual con ilustraciones detalladas, cartas apócrifas, «testimonios» y descripciones fantásticas de supuestos rituales satánicos dentro de la masonería. Revelaba el culto a Lucifer por parte de las logias masónicas y hablaba de la famosa exsacerdotisa luciferina Diana Vaughan, convertida al catolicismo, junto con continuas alusiones a sociedades secretas ocultistas que conspiraban contra la Iglesia.

El impacto inmediato de estas revelaciones fabricadas fue enorme. Los libros y folletos antimasónicos de Taxil tuvieron ventas extraordinarias entre el público católico, ávido de leer pruebas del mal que, según la Iglesia, anidaba en la masonería. Muchos sacerdotes elogiaron las obras de Taxil desde el púlpito, presentándolo como un «hijo pródigo» que ahora desenmascaraba a los enemigos de la fe. La jerarquía eclesiástica, en general, acogió a Taxil con los brazos abiertos: en 1887 el propio Papa León XIII le concedió una audiencia privada en el Vaticano para felicitarlo por su celo.

Se cuenta incluso que cuando un obispo, Monseñor Frederick, obispo de Charleston (EE.UU.), expresó dudas sobre la autenticidad de las confesiones de Diana Vaughan, León XIII lo reprendió por su falta de fe, reafirmando la confianza en Taxil. El papa llegó a enviar su bendición en 1896 a un Congreso Antimasónico celebrado en Trento, avalando implícitamente las campañas de Taxil.

Desde una perspectiva más académica, Diana Vaughan es un hito clave en la historia del antimasonismo y de la literatura panfletaria, un caso ejemplar de bulo editorial de masas que ilustra la forma en que los medios y discursos ideológicos pueden crear realidades paralelas. Todo ello sirve hoy para estudiar el funcionamiento del rumor, la propaganda y la psicología de masas en el siglo XIX, que, como puede verse, se parece bastante al actual.

De la misma época, e insistiendo sobre el mismo tema, encontramos *Los hermanos Tres Puntos*[17]. Fue publicada por primera vez en 1885 por la editorial Letouzey et Ané en París y forma parte de su serie *Revelaciones completas sobre la francmasonería*[18], en la que pretendía exponer una vez más los secretos y rituales de la masonería. La obra se presenta como una exposición detallada de la organización, grados y secretos de la francmasonería, abarcando todo lo que era la organización interna, con descripciones de la jerarquía y estructura de las logias masónicas; datos sobre los diferentes grados masónicos y sus respectivos rituales de iniciación; análisis de las ceremonias masónicas y los símbolos utilizados en ellas. Todo ello acompañado de duras críticas y denuncias hacia la masonería, presentándola como una organización secreta con fines oscuros. Como hacía habitualmente, mezclaba elementos reales de la masonería con invencio-

---

[17] *Les Frères Trois-Points. Révélations complètes sur la franc-maçonnerie*, Letouzey et Ané, París (1885).

[18] *Révélations complètes sur la franc-maçonnerie* Letouzey et Ané, París (1885).

nes y exageraciones propias, lo que le permitió crear una narrativa sensacionalista que nuevamente captó la atención del público de la época.

En *Las hermanas masonas*[19], también publicada en 1886 dentro de la serie *Revelaciones completas sobre la franc-masonería*, Taxil se centra en la participación de las mujeres en la masonería, particularmente en las llamadas «logias de adopción». Explica la jerarquía y estructura de las logias femeninas, los diferentes grados masónicos y sus respectivos rituales de iniciación para mujeres, las ceremonias y símbolos adaptados al contexto femenino, a lo que añade graves acusaciones mezclando elementos reales de la masonería con invenciones y exageraciones propias.

Todas estas publicaciones eran, como sabemos, los cimientos documentales sobre los que se basaría su famosa «gran mistificación», expresión que él mismo empleó. Lo que aparentaba ser una cruzada ferviente contra los masones era en realidad una sátira encubierta con la que pretendía ridiculizar a la Iglesia católica y a los sectores integristas que aceptaban sin crítica sus publicaciones, demostrar la credulidad del público y de las autoridades eclesiásticas ante lo fantástico y conspiranoico y exponer la necesidad de pensamiento crítico frente a los discursos ideologizados.

Este fin, aparentemente «respetable» como ensayo sociológico, queda un tanto cuestionado por los importan-

---

[19] *Les soeurs maçonnes. Révélations complètes sur la franc-maçonnerie*, Letouzey et Ané, París (1886).

tes beneficios económicos que el autor obtuvo gracias al éxito editorial que le dieron casas editoriales conservadoras como Letouzey et Ané.

Pero la demanda de obras sensacionalistas sobre masonería, satanismo y sociedades secretas no se detuvo con el «experimento» de Léo Taxil. Por el contrario, con los años ha aumentado hasta proporciones inauditas. Solo con la llegada de la era de las «redes» parece haber decaído esta morbosa demanda visto que ya todo está libremente accesible a través de los nuevos e infinitos canales de comunicación de la actualidad.

EL DESENLACE DE UNA
BURLA HISTÓRICA
DE LA MENTIRA AL ESCÁNDALO

A medida que las historias de Diana Vaughan se volvían más fantásticas, y nadie había visto nunca en persona a la misteriosa convertida, comenzaron a surgir crecientes dudas, incluso entre los católicos. Periodistas más escépticos y algunos clérigos ilustrados empezaron a cuestionar la verosimilitud de los relatos.

Durante 1896 la polémica se intensificó en la prensa católica francesa. Algunos periódicos católicos que antes apoyaban a Taxil iniciaron súbitamente campañas de ataque contra él, sospechando que podía tratarse de un fraude. Acorralado por las sospechas, Léo Taxil decidió llevar la broma a su acto final de manera teatral. Anunció que celebraría una conferencia pública en París, el 19 de abril de 1897, en la que presentaría por fin a la señorita Diana Vaughan ante el mundo para confirmar sus confesiones. La expectativa fue enorme.

El día señalado, 19 de abril de 1897, el Salón de la Sociedad Geográfica de París se abarrotó de público y periodistas, con presencia de numerosos sacerdotes, religiosos y personalidades tanto creyentes como librepensadoras. Taxil tomó el estrado «solo» y…, contra todo pronóstico, Diana Vaughan no apareció.

Tras unos instantes, comenzó su intervención con una frase que dejó al público atónito: «Señoras y señores, permítanme presentarles a Madeimoselle Diana Vaughan… que no existe».

Acto seguido, reveló punto por punto cómo había urdido la enorme farsa durante más de una década. Una sátira gigantesca dirigida tanto contra la Iglesia como contra los crédulos que se tragaban los bulos más fantásticos sin una pizca de espíritu crítico. Con fría claridad, confesó públicamente que todas las revelaciones sobre el Palladismo, los rituales satánicos y las conspiraciones masónicas luciferinas eran completamente falsas, «parte de la diversión», en sus propias palabras.

Taxil explicó aquel día que había ideado esta farsa para ridiculizar el fanatismo religioso y la credulidad del público católico. Según él, la rapidez con la que fue aceptado por círculos eclesiásticos y la difusión de sus relatos por parte de la prensa católica demostraban el poco rigor intelectual de sus lectores.

Para rematar la jugada, pronunció ante la atónita concurrencia una frase que pasaría a la historia: «Se les dijo que hoy se derrumbaría el Palladismo. Mejor aún: queda aniquilado, ya no existe... El Palladismo ha muerto para siempre. Su padre acaba de asesinarlo». Con esa declaración –equivalente a «yo lo creé y yo lo destruí»– Taxil daba fin a la broma, admitiendo que todo había sido una colosal mistificación destinada a burlarse de la credulidad de quienes lo habían creído.

Inmediatamente después, antes de que el pasmo y la furia del público se tradujeran en algo peor, Léo Taxil abandonó apresuradamente la sala por una puerta lateral.

El desenlace público de la «Broma de Taxil» fue caótico. En la sala se mezclaban risas nerviosas con gritos de indignación: muchos anticlericales presentes celebraban abiertamente la audacia de la estafa, soltando carcajadas y entonando cánticos burlones contra la Iglesia, mientras los católicos allí reunidos montaban en cólera al saberse engañados.

Según testimonios, algunos sacerdotes salieron temblando de rabia, mientras librepensadores y periodistas escépticos aplaudían al «genio de la farsa». La noticia de la confesión de Taxil corrió como la pólvora por Europa, desencadenando uno de los escándalos mediáticos más sonados de finales del siglo XIX. La Iglesia quedó sumida en un patético ridículo y fue duramente criticada por su ingenuidad. También fueron muchos los medios que se sintieron engañados y arremetieron contra Taxil. Otros, en cambio, vieron en Taxil un audaz provocador que desenmascaró los peligros del pensamiento dogmático.

La reacción oficial de la Iglesia católica ante la revelación del engaño fue de shock y vergüenza. Hasta pocos días antes, la jerarquía eclesiástica –incluido el Papa– había apoyado públicamente a Taxil y sus denuncias. Tras la confesión de 1897, la Iglesia optó por *pasar página con discreción*. No hubo una condena formal inmediata desde el Vaticano contra Taxil, posiblemente para no prolongar el bochorno. De hecho, después de este episodio, la Iglesia moderó sensiblemente su discurso antimasonería en público. «Tras la escandalosa broma de Taxil, la Iglesia ya no condenó la francmasonería con tanto fervor», se comentó en varias publicaciones de la época.

La jerarquía católica, que había quedado en entredicho por su credulidad, retiró el apoyo a las organizaciones antimasónicas más extremas. Muchos sacerdotes y escritores católicos que antes ensalzaban a Taxil guardaron silencio o admitieron haber sido engañados. El caso evidenció hasta qué punto ciertos sectores eclesiales estaban dispuestos a creer las acusaciones más delirantes contra sus enemigos ideológicos.

Algunos prelados reaccionaron con ira personal contra Taxil. Por ejemplo, el obispo de Charleston –quien había dudado de la veracidad de Diana Vaughan desde el principio y sufrido reproches por ello– se sintió reivindicado, pero a la vez criticó duramente la *ligereza* con que otros en la Iglesia habían abrazado unas historias inverosímiles. En Francia, los periódicos católicos que meses antes apoyaban a Taxil pasaron a denostarlo como un «infame impostor» y «agente de Satanás». Hubo quienes propusieron que fuese excomulgado nuevamente, aunque dado que Taxil nunca había tenido una situación canónica clara tras su «conversión», esto quedó en la teoría. La Iglesia, en definitiva, quiso cerrar el episodio rápidamente, presentándolo como un caso aislado de fraude, y continuó advirtiendo de los peligros de la masonería pero con menos estridencia que antes.

Por su parte, los círculos masónicos reaccionaron con una mezcla de alivio y resentimiento. Durante los años de la farsa, las logias masónicas, especialmente en Francia, Bélgica y otros países con fuerte influencia católica, habían estado a la defensiva, negando vehementemente las acusaciones de satanismo pero sin lograr convencer a la opinión pública católica. La confesión pública de Taxil en 1897 vino a reivindicar completamente a la masonería ante los ojos del mundo racional: todo había sido una calumnia fabricada.

Las autoridades del Gran Oriente de Francia y otras obediencias masónicas expresaron su satisfacción porque «la verdad acababa por triunfar» y porque se desenmascaraba la campaña de difamación. En periódicos masónicos y liberales se ridiculizó a los eclesiásticos por haber creído «en cocodrilos pianistas y novias de demonios», usando el caso como arma arrojadiza contra la Iglesia.

Sin embargo, junto con el alivio también hubo un profundo enojo entre muchos masones. Durante doce años sus instituciones y miembros fueron objeto de una difamación grotesca, y muchos sintieron que el daño a su reputación no se borraría fácilmente.

Hubo masones de distintos países que barajaron la posibilidad de emprender acciones legales contra Taxil por difamación y fraude, aunque al final esto no prosperó. Es revelador que ambos bandos enfrentados –católicos y masones– terminaran compartiendo un sentimiento común de repudio hacia Taxil. Como alguien señaló en su día, «pese a sus 250 años de discordia, tanto la Iglesia como la masonería podían al menos coincidir en su disgusto por el embaucador Taxil. Y, en efecto, tras la broma, Taxil se convirtió en persona non grata tanto para sus antiguas víctimas eclesiásticas como para los masones que había vilipendiado.

Cabe mencionar que, pese a la contundente confesión de Taxil, algunos círculos ultracatólicos se resistieron a admitir que todo había sido falso. En los años posteriores circuló la teoría conspirativa de que tal vez *Taxil había dicho que era broma para encubrir la realidad*, es decir, que las revelaciones sobre los satanistas masones podían ser ciertas y que Taxil habría sido presionado por los masones para retractarse. Esta visión minoritaria, considerada un autoengaño de los antimasónicos más radicales, llevó a que ciertos sectores siguieran citando elementos de la «Broma de Taxil» como si fueran verdad en décadas posteriores. No obstante, la gran mayoría aceptó que se había tratado de un fraude ingenioso, aunque costoso para la credibilidad tanto de la Iglesia como de los propagandistas antimasones.

El caso de Léo Taxil dejó una profunda huella como lección histórica sobre la credulidad, la propaganda y las llamadas «noticias falsas» mucho antes de que el término existiera. En la historiografía contemporánea, la «Broma de Taxil» suele citarse como *uno de los grandes engaños literarios del siglo XIX*. Taxil es recordado como un fabulador consumado que supo explotar hábilmente los prejuicios de su tiempo: anticlerical por un lado y antimasónico por el otro. Su figura se analiza a menudo para ilustrar cómo los conflictos ideológicos entre la Iglesia y la masonería en la Francia de fin de siglo crearon el caldo de cultivo perfecto para que prosperara una falsedad extraordinaria. Son muchos, efectivamente, los historiadores que han estudiado el fenómeno Taxil situándolo en el contexto de la obsesión anticlerical y la paranoia antisatánica de finales del XIX.

Pequeños círculos practicantes de ritos ocultistas sí existían en la época, pero la obra de Taxil representó un «antisatanismo fraudulentamente exagerado» que acusaba a la masonería de controlar cultos satánicos a escala global. En definitiva, la historiografía concluye que Taxil puso en evidencia tanto la voluntad de creer de ciertos católicos en conspiraciones malignas, como la capacidad de un individuo para manipular la opinión pública con narrativas sensacionalistas.

Las consecuencias sociales inmediatas de la farsa fueron significativas. En el ámbito católico, el ridículo sufrido por la jerarquía tuvo un efecto moderador: la Iglesia se volvió más prudente antes de dar crédito a teorías conspirativas extravagantes. Por algún tiempo, la intensidad de la campaña antimasonería católica descendió, consciente de que la credibilidad de sus portavoces había quedado tocada. En el campo masónico y racionalista, el caso se celebró como un triunfo de la razón sobre la superstición: sirvió para desacreditar las acusaciones de satanismo que frecuentemente se lanzaban contra las logias. De hecho, Taxil se convirtió en sinónimo de mentira elaborada, y el episodio pasó a formar parte del folklore masónico como advertencia de hasta dónde podían llegar los enemigos de la fraternidad en su afán difamatorio.

Culturalmente, la figura de Léo Taxil continuó suscitando fascinación. Ya en 1900, apenas tres años después de la confesión, se publicaron análisis y recapitulaciones de la saga en revistas de divulgación. En décadas posteriores, el caso inspiró a escritores y artistas. Por ejemplo, Azorín alude al fraude de Taxil en su novela *La voluntad*, escrita en 1902. Más de un siglo después, Umberto Eco incorporó al propio Léo Taxil como personaje en *El cementerio de Praga* (2010), obra que explora los mecanismos de las conspiraciones y falsificaciones históricas. En ese sentido, Taxil ha pasado a la cultura popular como un arquetipo de falsario, comparable a autores de fraudes célebres.

Hay que insistir en que un aspecto notable de su legado es que, a pesar de haber sido completamente desacreditadas, las invenciones de Taxil *no desaparecieron del todo*. Algunas de sus fantasías, como la idea de que los masones adoran a Baphomet o practican rituales satánicos, resurgieron cada cierto tiempo en la literatura conspirativa del siglo XX. Grupos antimasónicos extremos continuaron reciclando elementos de la mitología taxiliana para acusar a la masonería, ignorando u ocultando el origen espurio de esas historias. Incluso en la actualidad, en entornos de teorías de la conspiración en internet, es posible ver ecos de las falacias sembradas por Taxil en 1890, como, por ejemplo, la noción de un culto luciferino mundial. Así, irónicamente, el engaño de Taxil sobrevivió a su creador, transmutado en leyenda conspirativa a pesar de haber sido confesado como farsa.

La figura de Léo Taxil es valorada por los historiadores como un ejemplo paradigmático de la credulidad colectiva y de la efectividad de la propaganda sensacionalista. Su «broma» expuso la facilidad con que sectores educados y religiosos del siglo XIX pudieron ser embaucados cuando se apelaba a sus temores y prejuicios. Tanto la Iglesia católica como la masonería sufrieron y aprendieron lecciones de aquel episodio. Y para la posteridad, quedó la moraleja de que incluso las instituciones más poderosas pueden convertirse en víctimas de un ingenioso embustero. Pocas veces un solo autor ha logrado reírse simultáneamente de dos enemigos acérrimos. En ese sentido, Léo Taxil ocupa un lugar singular en la historia cultural de la Europa moderna.

Taxil falleció el 31 de marzo de 1907 en Sceaux, cerca de París, a los 53 años. Murió una década después de confesar el fraude que lo hizo infame, habiendo retomado en sus últimos años la escritura panfletaria. Nunca abandonó su actitud burlona: hasta el final de su vida se mostró dispuesto a comentar con sonrisa maliciosa las trapisondas que lo hicieron célebre.

LA CÉLEBRE CONFERENCIA DE LÉO TAXIL DADA EN EL SALÓN DE LA SOCIEDAD GEOGRÁFICA DE PARÍS EL 19 DE ABRIL DE 1897

La conferencia pronunciada por Léo Taxil ante una abarrotada audiencia en la Sociedad Geográfica de París el 19 de abril de 1897 constituye uno de los episodios más sorprendentes, paradójicos y reveladores de la historia moderna de la prensa, la religión y la credulidad pública. Con ella culminó lo que el propio Taxil denominó, no sin orgullo, «la gran mistificación» de la francmasonería luciferina, y marcó el fin —espectacular, teatral, escandaloso— de doce años de uno de los engaños más elaborados y exitosos de su tiempo.

Como hemos visto Taxil había logrado mantener una compleja ficción según la cual la masonería, bajo formas supuestamente secretas y luciferinas como el «Paladismo», no solo se hallaba infiltrada en las altas esferas sociales, sino que realizaba rituales demoníacos, comunicaba con entidades sobrenaturales y conspiraba activamente contra la Iglesia. Su personaje estrella, la señorita Diana Vaughan, una supuesta «gran sacerdotisa luciferina» convertida al catolicismo, era el eje emocional y narrativo de aquella saga delirante.

La conferencia de 1897 no solo desveló la falsedad de todo ese entramado, sino que lo hizo con una frialdad sarcástica, un sentido del espectáculo tan cruel como ingenioso, y una impunidad que escandalizó a sus víctimas. Allí estaban reunidos clérigos, fieles, intelectuales, periodistas... todos expuestos a la burla del hombre que había sabido manipular sus temores y expectativas más profundas.

Aparte del tono jocoso del discurso —y de las risas, protestas y tumultos que lo acompañaron—, la conferencia puede leerse como una sátira demoledora no tanto contra la religión ni contra la masonería, sino contra el dogmatismo, la ingenuidad colectiva y la facilidad con la que los prejuicios ideológicos pueden ser instrumentalizados por narrativas espectaculares. En sus palabras, Taxil revela la mecánica del fraude: cómo se gana la confianza, cómo se dosifica la mentira, cómo se fabrican fuentes, documentos, testimonios, cartas y hasta personalidades ficticias con tal verosimilitud que incluso altas autoridades eclesiásticas cayeron rendidas.

La conferencia es, por tanto, un documento extraordinario sobre el poder de la narrativa y los límites del discernimiento en la era de la información impresa. Pero también es un espejo incómodo para todos los implicados. La Iglesia, que había bendecido a la Diana Vaughan, se vio comprometida por su propio entusiasmo crédulo.

Los masones, aunque en buena parte escépticos desde el principio, quedaron en parte descolocados ante la magnitud del delirio. Y la prensa, ávida de sensacionalismo, demostró ser vehículo y cómplice de una patraña mundial.

Esta conferencia es también una obra maestra del cinismo moderno. Su declaración de infanticidio metafórico («El Paladismo está muerto. ¡Su padre acaba de asesinarlo!») pone punto final a una historia que, pese a su falsedad esencial, tuvo efectos muy reales: reforzó estereotipos, alimentó odios, influyó en la literatura conspirativa del siglo XX

A continuación la exponemos íntegra en una nueva traducción al castellano de hoy que servirá de gran ayuda no solo para adentrarse en la historia del fraude, sino para reflexionar sobre cómo la necesidad de creer —en el Bien, en el Mal, en las grandes narrativas— puede hacernos vulnerables ante quien sabe vestir la mentira con los ropajes de la revelación.

(texto íntegro de la conferencia)

MIS REVERENDOS PADRES,
SEÑORAS, SEÑORES:

Me importa, ante todo, dar las gracias a aquellos colegas míos de la prensa católica que, emprendiendo de golpe, hace seis o siete meses, una campaña de ruidosos ataques, han producido un resultado maravilloso, el que comprobamos esta tarde, y mañana se comprobará aún mejor: el brillo completamente excepcional de la verdad en un asunto cuya solución hubiera tal vez pasado, sin ellos, completamente inadvertida. A mis queridos colegas, pues, mi primera felicitación, y dentro de un instante comprenderán cuán sincera y justificada es la expresión de mi agradecimiento.

En esta alocución procuraré olvidar lo que se ha publicado de injusto y mortificante para mi persona, en el curso de la polémica a que acabo de aludir. Si soy impelido a esclarecer ciertos hechos con una luz para muchos inesperada, diré la verdad apartando de mi mente hasta la más ligera sombra de resentimiento.

Tal vez, después de estas explicaciones, de las que ha sonado la hora, esos colegas católicos no se desarmarán ante mi pacífica filosofía; pero si mi buen humor, en lugar de calmarles, les irrita, les aseguro que por nada abandonaré esta serenidad de alma que he adquirido en doce años, y con la que soy infinitamente dichoso.

Por otra parte, si es cierto que este auditorio escogido está compuesto de elementos los más distintos —puesto que se ha hecho un llamamiento a todas las opiniones sin distinción— este auditorio no dejará de tener, estoy convencido de ello, el sentimiento de la tolerancia más dulce en materia de examen. Hablemos claro: estamos aquí entre personas de buena educación; todos sabemos dar lo suyo a lo que es serio, y lo examinamos sin arrebatos, con la gravedad necesaria; pero también, cuando el hecho que se nos ofrece es, ante todo, divertido, no nos enfadamos por ello. Más vale reír que llorar, dice la sabiduría de las naciones.

Ahora, me dirijo a los católicos y les digo:

Cuando supisteis que el doctor Bataille, que se decía consagrado a la causa católica, había pasado once años de su vida explorando los antros más tenebrosos de las sociedades secretas, Logias y Traslogias y hasta Triángulos endemoniados, lo aprobasteis sin reserva y hallasteis admirable su conducta. Recibió una verdadera lluvia de felicitaciones; hasta artículos encomiásticos hubo en los mismos periódicos del partido que no hallan rayos bastantes para pulverizar a la señorita Diana Vaughan, tratándola ya de mito, ya de aventurera y echadora de cartas. Ahora puede volverse sobre esas aclamaciones con que se acogió al doctor Bataille, más no por eso dejarán de haber tenido efecto y sido ruidosas.

Ilustres teólogos, elocuentes predicadores, prelados eminentes, le felicitaron a más y mejor, y yo no digo que hicieran mal. Lo hago constar pura y simplemente. Y este aserto tiene por objeto el permitirme decir: «No os enfadéis, mis reverendos padres; reíos más bien de buena gana al saber hoy que lo que ha pasado es exactamente todo lo contrario de lo que habéis creído». No ha habido aquí, ni por lo más remoto, un católico consagrado a explorar, bajo una careta, la Alta Masonería del Paladismo, sino un librepensador que, para su edificación personal —en manera alguna por hostilidad—, fue a vagar por vuestro campo, no ya once años, sino doce, y... es un servidor vuestro.

(Excitación, murmullos, risas).

No hay el menor complot masónico en esta historia; voy a probároslo en seguida. Hay que dejar a Homero cantando las empresas de Ulises, la aventura del legendario caballo de madera; aquel caballo terrible nada tiene que ver en el caso presente. La historia de hoy es mucho menos complicada.

Un hermoso día, vuestro servidor se dijo que, habiéndose inclinado muy joven hacia la irreligión —y acaso con demasiada prisa—, bien podía no tener el sentimiento exacto de la situación. Y entonces, sin obrar por cuenta de nadie, queriendo rectificar su manera de ver las cosas —si había de qué—, no confiando previamente su resolución a nadie, creyó haber encontrado el medio mejor de conocer y darse cuenta por propia instrucción. Añadid a esto, si queréis, un fondo de alegría en el carácter (¡no se es impunemente hijo de Marsella!) *(risas)*. Sí, añadid ese placer delicioso que la mayor parte ignora, pero que es muy real: ese contento íntimo que se experimenta al jugar una buena pasada a un adversario, sin maldad, por divertirse, por reír un poco...

Pues bien, debo decirlo en seguida: esa mistificación de doce años me ha proporcionado, desde el principio, una enseñanza preciosa: la de que había obrado sin tino, que debería haber permanecido siempre en el terreno de las ideas, y que, en la mayor parte de los casos, había hecho mal en atacar a las personas. Tengo el deber de hacer esta declaración, y debo decir que no me cuesta trabajo.

En esos doce años pasados bajo el pabellón de la Iglesia —y aun cuando me enganché en broma— adquirí la convicción de que se equivocan quienes imputan a las doctrinas la maldad de ciertas personas. Todo esto atañe a la humanidad misma: el que es malo sigue siendo malo, como el que es bueno obra con bondad, lo mismo si continúa creyendo que si pierde la fe. Hay en todas partes hombres que no son honrados, y en todas partes también hombres que lo son.

(Muestras de asentimiento).

He hecho, pues, por mí mismo, un estudio que ha producido sus frutos; él me ha dado esta serenidad de alma, esta filosofía íntima de que hablé al principio. Llegué primero como curioso, un poco a la ventura, pero proponiéndome —entiéndase bien— retirarme una vez hecha la experiencia. Luego, el dulce placer del engaño, sobreponiéndose, dominándolo todo, me detuvo en el campo católico, desarrollando más y más mi plan de mistificación —a la vez divertido e instructivo— y dándole proporciones cada vez más vastas, conforme a los acontecimientos.

Así he llegado a asegurarme dos colaboradores, dos nada más: uno, un antiguo compañero de infancia a quien mistifiqué en seguida, y a quien di el seudónimo de doctor Bataille; el otro, la señorita Diana Vaughan, protestante francesa, más bien librepensadora, dactilóloga y representante de una de las fábricas de máquinas de escribir de los Estados Unidos. Una y otro eran necesarios para asegurar el éxito de este regocijado enredo que los diarios americanos llaman «la mistificación más grande de los tiempos modernos».

(Muchas risas; murmullos).

Este último episodio, que naturalmente debía darse a luz en abril —mes de la alegría y de las bromas— (y no olvidemos que la burla comenzó también en abril, el 23 de 1885), es el único que será explicado hoy, y solo a grandes rasgos; porque si hubiera que contarlo todo, con las cartas sobre la mesa, desde el inicio de la aventura, habría para muchos días. La broma ha resultado gigantesca.

(Explosión de risas).

No obstante, importa esclarecer el punto de partida con algunos rayos de luz suave.

Entre los refranes del arte culinario se cita con frecuencia este: «El cocinero se hace; pero para asar bien, se nace». La perfección en la ciencia de asar no se aprende. Creo que sucede lo mismo con esto de hacer bromas: se nace para ello. He aquí algunas confesiones acerca de mis comienzos en tan noble carrera.

Primero, en mi ciudad natal. Nadie ha olvidado en Marsella la famosa historia de la devastación de la rada por una banda de tiburones: de varias localidades de la costa llegaban cartas de pescadores contando cómo habían escapado a terribles peligros; el pánico cundió entre los bañistas, y los establecimientos de baños de mar, desde los catalanes hasta la Playa del Prado, estuvieron desiertos durante varias semanas. La comisión municipal se conmovió; el alcalde emitió la opinión —muy cuerda, por cierto— de que aquellos tiburones, azote de la rada, habían probablemente venido de Córcega siguiendo a un buque que, sin duda, había tenido que arrojar al agua algún cargamento averiado de carnes ahumadas. La comisión municipal acordó dirigir una comunicación al general Espivent de la Villeboisnet (se estaba entonces en estado de sitio), pidiéndole que pusiera a su disposición una compañía armada de *chassepots* para una expedición en un remolcador. El bravo general, deseando ser agradable a sus administrados y a la ciudad que él mismo había elegido —y donde yo he visto la luz—, les concedió cien hombres bien armados y con amplia provisión de cartuchos.

Zarpó del puerto la nave libertadora, saludada por el bravo alcalde y sus adjuntos; se exploró la rada en todos los sentidos, pero el remolcador volvió de vacío: allí había los tiburones que hay aquí *(risa general)*. Una investigación ulterior demostró que las cartas de queja de los pescadores eran pura fantasía; que en las localidades donde aquellas cartas se habían echado al correo no existían tales pescadores; y al cotejar las cartas, se notó que estaban escritas por la misma mano. El autor de la mistificación no fue descubierto. Lo tenéis ante vosotros. Esto ocurrió en 1873; tenía yo entonces 19 años. Espero que el general Espivent me perdonará el haber comprometido un momento, por lo del barco, su prestigio ante la población. Él había suprimido *La Marotte*, periódico de locos. El asunto de los tiburones fue, ¿no es cierto?, una venganza inofensiva.

Algunos años después, estaba yo en Ginebra, para sustraerme a algunas condenas por delito de imprenta. *La Fronde* y luego *Le Frondeur* habían sucedido a *La Marotte*.

Un día, el mundo de los sabios se encantó al tener noticia de un descubrimiento maravilloso. Alguno del auditorio recordará tal vez el hecho: se trata de la ciudad sublacustre que se veía —según se dijo— bastante confusamente en el fondo del lago Leman, entre Nyon y Coppet. Se enviaron correspondencias a todos los puntos de Europa para tener a los periódicos al corriente de las pretendidas investigaciones. Se había dado una explicación muy científica, apoyándose en los *Comentarios* de Julio César: aquella ciudad debía haber sido edificada en la época romana, tiempo en que el lago era tan estrecho que el Ródano lo atravesaba sin confundirse con él. En una palabra, el descubrimiento metió mucho ruido en todas partes... en todas partes, menos en Suiza, por supuesto.

No se asombraron poco los habitantes de Nyon y de Coppet con la llegada, de cuando en cuando, de algún turista que pedía que le enseñaran la ciudad sublacustre. Los barqueros de los alrededores decidieron llevar al lago a los turistas muy insistentes. Vertían aceite en el agua para ver mejor, y, en efecto, hubo quien distinguió alguna cosa *(risa general)*: restos de calles muy bien alineadas, plazuelas... ¡qué sé yo! Un arqueólogo polaco que hizo el viaje volvió muy satisfecho y publicó un relato en que afirmaba haber distinguido perfectamente los restos de una plaza pública con algo informe que bien pudiera ser los pedazos de una estatua ecuestre *(más risas)*. Un instituto delegó a dos de sus miembros, pero estos, avistándose a su llegada con las autoridades y habiendo oído que la ciudad sublacustre era una pura patraña, se volvieron como habían ido y no vieron nada. La ciudad sublacustre no sobrevivió a esta expedición científica.

(Risas prolongadas).

El padre de la ciudad sublacustre del Leman —aquí presente— tuvo un precioso auxiliar para la propagación de la leyenda en la persona de uno de sus compañeros de destierro —¿hay necesidad de decir que es también marsellés?—: mi colega y amigo Henri Chabrier, aclimatado hoy, como yo, en las riberas del Sena.

Estas dos anécdotas, entre cientos que podría citar, han salido a plaza a fin de dejar sentado que la afición de vuestro servidor por la gran y regocijada broma se remonta a más de doce años.

Llego, por fin, a la broma más grandiosa de mi existencia, a la que toca hoy a su término, y que evidentemente será la última, porque, después de ella, yo pregunto: ¿qué colega, aunque fuera de la prensa de Islandia o de la Patagonia, acogería por mi recomendación —o la de algunos de mis amigos— la confidencia de algún suceso extraordinario, cualquiera que fuese?

(Una voz: ¡Es claro! Risas).

Se comprenderá sin dificultad que, con el formidable bagaje de mis escritos antirreligiosos, no era tarea sencilla ser recibido en el seno de la Iglesia sin despertar una desconfianza aún más formidable. No obstante, era imprescindible lograrlo, ser acogido por ella, para que, una vez disipadas completamente dichas suspicacias —al menos en los niveles más altos—, pudiera organizar y dirigir la fenomenal mistificación de la brujería contemporánea.

(Una voz interrumpe: «¡Es vergonzoso declararse misti-ficador de esa manera!»).

Para alcanzar el resultado que me había propuesto, era indispensable no confiar mi secreto a absolutamente nadie, ni siquiera a mis más íntimos amigos, ni a mi esposa, al menos en un principio: valía más que me tomaran por loco que arriesgar una indiscreción que echara todo por tierra. Y debo decir que me jugaba mucho, pues me enfrentaba a una partida difícil.

(Una voz: «¡Oh, sí!»).

La hostilidad de unos y la contrariedad de otros se convirtieron, paradójicamente, en mis mejores aliados: me sometieron a una estricta vigilancia durante los primeros años, tal como había previsto. Algunos pequeños detalles llamarán ahora la atención de mis antiguos amigos, si los recuerdo.

Tras la publicación de la carta en la que me retractaba de todos mis escritos antirreligiosos, los grupos parisinos de la Liga Anticlerical se reunieron en Asamblea General para votar mi expulsión. Se sorprendieron al verme allí; los ligueros no salían de su asombro. En verdad, mi presencia era incomprensible, pues no fui con intención de provocar a aquellos de quienes me había distanciado, ni pronuncié palabra alguna para intentar arrastrarlos conmigo, como suele hacer todo convertido en su fervor de neófito.

No. Acudí a aquella sesión con el pretexto de despedirme. ¡Hacía ya tres meses que había presentado mi dimisión!, pero en realidad para buscar y encontrar el momento propicio para introducir una frase que, llegado el tiempo, pudiera recordarse.

Aquellos ligueros anticlericales eran en su mayoría amigos míos, y hubo algunos que, sinceramente, lloraban. Yo mismo estaba conmovido...

(Un periodista católico interrumpe: «¿Usted conmovido? ¡Venga ya!... Usted se burla de ellos igual que de nosotros»).

Os aseguro que no me separé de ellos sin cierto disgusto. En fin, tomadlo como queráis. Aunque conmovido, conservé mi sangre fría en medio de una auténtica tempestad. Así lo muestran los periódicos de la época.

Para cerrar la sesión, el presidente presentó la siguiente orden del día, que fue aprobada por unanimidad:

«Considerando que el nombrado Gabriel Jogand-Pagès, que se hace llamar Léo Taxil, uno de los fundadores de la Liga Anticlerical, ha renegado de todos los principios que había defendido, ha traicionado al libre pensamiento y a todos sus antiguos correligionarios.

Los ligueros presentes en la reunión del 27 de julio de 1885, sin entrar a juzgar los motivos que han dictado al dicho Léo Taxil su infame conducta, lo expulsan de la Liga Anticlerical como traidor y renegado».

Yo protesté contra una sola palabra de esa orden del día. Hay sin duda en esta sala antiguos compañeros que estuvieron presentes en aquella sesión de julio de 1885. Les recuerdo los términos de mi intervención. Dije con la mayor tranquilidad: «Amigos míos: acepto esta orden del día, salvo una palabra».

El presidente me interrumpió de inmediato, exclamando: «¡Vaya descaro!».

Yo proseguí sin alterarme: Tenéis todo el derecho a llamarme renegado, puesto que hace apenas cuatro días publiqué una carta en la que me retracto y reniego expresamente de todos mis escritos contra la religión. Pero os ruego que eliminéis la palabra 'traidor', que en modo alguno se aplica a mi caso. No hay ni sombra de traición en lo que hago hoy. Esto que ahora os digo, no podéis comprenderlo por el momento… pero lo entenderéis más adelante.

Me cuidé muy bien de insistir en esa última frase, pues debía evitar que se sospechase mi secreto. Pero la pronuncié con la claridad suficiente como para que quedara grabada en la memoria, aunque se prestara a distintas interpretaciones. Y cuando más tarde llegó el momento de publicar el relato de aquella sesión, tuve buen cuidado de omitir tal declaración: podría haber sido una señal de alarma.

Segundo hecho. Entre el día de abril en que fui a confesarme con un sacerdote, anunciándole mi conversión, y la sesión en la que fui oficialmente expulsado del librepensamiento, tuvo lugar en Roma un Congreso Anticlerical del que yo había sido uno de los principales organizadores. Nada me hubiera resultado más fácil que desorganizarlo por completo y asegurar su fracaso. Sin embargo, aquel congreso se celebró en los primeros días de junio, y todos los miembros de la Liga saben que, hasta el final, me entregué con toda mi energía a garantizar su éxito. Sólo la muerte de Victor Hugo, ocurrida por entonces, logró desviar la atención pública del evento.

Cuando más tarde se supo que en abril había tenido contactos con el clero, se comenzó a decir y a publicar que, bajo el pretexto del congreso, había viajado a Roma para negociar una traición y que incluso había sido recibido en secreto en el Vaticano. Se llegó a afirmar, en una biografía apócrifa, que recibí una fuerte suma de dinero... ¡Se habló de un millón! *(risas)*. Yo dejé que se dijera cuanto quisieran: nada de eso me importaba, y hasta me divertía.

Pero hoy tengo derecho a decir que fue exactamente lo contrario. Entre los invitados a esta conferencia se encuentra un viejo amigo que me acompañó durante todo aquel viaje. No me dejó solo ni un instante. Él está presente aquí esta noche y no podrá desmentirme. ¿Se separó de mí aunque fuera por un momento? ¿Realicé alguna gestión sospechosa sin su presencia? No. Y aún más: durante ese mismo viaje, de regreso a Francia, nos detuvimos en Génova. Quería visitar a alguien con quien me unía una vieja amistad: el general Canzio Garibaldi, yerno del célebre Garibaldi.

Me acompañó mi mencionado amigo, y también el Dr. Baudon, quien acaba de ser elegido diputado por Beauvais. Ambos pueden atestiguar que, durante esa visita, me aparté un momento con Canzio para decirle lo siguiente: «Querido Canzio, debo confiarle algo bajo la condición del más estricto secreto: dentro de poco tiempo, llevaré a cabo una ruptura completa y pública. No se sorprenda por nada y continúe confiando en mí».

Tampoco con él quise entrar en detalles, y más adelante temí haberle revelado incluso demasiado. Durante dos o tres años, Canzio me envió su tarjeta cada primero de año, a pesar de nuestra ruptura. Luego, sin duda pensando que la farsa se prolongaba demasiado, dejó de dar señales de vida.

Uno de mis antiguos colaboradores, que me apreciaba sinceramente, siguió visitándome a pesar de todo. Falleció ya: era Alfred Paulon, un consejero probo.

(Una voz: «¿Ha muerto? Entonces no podrá desmentirle».)

Esperad, os lo ruego. Sé bien que la conclusión de sus observaciones constantes y agudas era que yo me burlaba de todos.

(Diversos movimientos en la sala. Una voz: «¿Entonces presume usted de haber engañado a los católicos? ¿No es eso escandaloso?»).

Paulon, que continuaba tratando conmigo, solía defenderme de un modo que me incomodaba: decía de mí a sus amigos: «Léo es incomprensible. Al principio pensé que se había vuelto loco; pero tras reanudar el contacto, descubrí que conserva intacta toda su lucidez. No lo entiendo. Hay algo que me dice que, de corazón y espíritu, sigue de nuestro lado. Lo siento así. Nunca hablo con él de religión porque veo que no desea que le adivinen. Pero pondría la mano en el fuego: no trabaja para los clericales. Algún día habrá una gran sorpresa».

Paulon no pudo llegar a darme testimonio formal de sus observaciones, pero las transmitió a muchos amigos, y si alguno de ellos se encuentra hoy en esta sala, les pregunto: «¿Es cierto que Paulon hablaba así de mí?»

(Varias voces: «¡Es cierto! ¡Es cierto!»).

Y así llegamos finalmente a la propia mistificación, tan divertida como instructiva.

En los altos círculos eclesiásticos, no se prestó demasiada atención al buen vicario, aquel sacerdote de alma sencilla que recibió la primera confesión de mi «conversión», esa especie de «camino a Damasco» que yo escenificaba.

«Ese panecillo empolvado no me inspira confianza», se decía entre los peces gordos de la Iglesia.

Se decidió entonces, al día siguiente de mi retractación, que fuera alojado por los jesuitas en un retiro adecuado, y que se me asignara uno de los más expertos en el arte de escrutar las almas. No fue una elección rápida: hubo que esperar una semana al gran escudriñador que se me había designado, un antiguo capellán del ejército, reconvertido en jesuita, y muy sagaz.

¡Qué partida tan reñida jugamos los dos! Todavía hoy, al recordarlo, me duele la cabeza. Aquel buen director me hizo practicar, entre otras cosas, los *Ejercicios Espirituales* de San Ignacio. No pensaba en absoluto en los ejercicios, pero al menos debía hojear sus páginas y fingir estar absorto en meditaciones extraordinarias. No era momento para cometer ningún desliz.

La confesión general fue la jugada decisiva. Duró nada menos que tres días *(risas prolongadas)*. Para el final, había reservado un golpe maestro: yo lo contaba todo, esto, aquello y lo otro, pero mi confesor notaba que faltaba algo... algún pecado verdaderamente grave, terrible, doloroso de confesar. Era evidente que yo ocultaba un crimen abominable.

Finalmente, llegó el momento de revelarlo.

Señoras y señores, no quiero haceros esperar más: Mi «pecado grave» fue... ¡un crimen! Un crimen de primera clase, un asesinato en las condiciones más convincentes *(explosión de risas)*. No había degollado a una familia entera, no era un Troppmann ni un Dumollard, pero si me hubieran descubierto, la guillotina me habría sido aplicable sin recurso.

Había tenido el cuidado de revisar las desapariciones registradas en los periódicos durante los tres años anteriores, y sobre una de ellas construí una pequeña novela. Sin embargo, mi reverendo confesor no quiso permitirme exponerla con todos sus pormenores. Me había juzgado culpable de los sacrilegios más horribles, y bajo ese aspecto, le había causado agradables sorpresas; pero tener a un asesino arrodillado a sus pies, eso sí que no se lo esperaba *(risas del público)*. Cuando pronuncié las primeras palabras de aquella confesión, el reverendo padre dio un significativo salto hacia atrás. ¡Ah! Comprendía al fin mi embarazo, mis dificultades, mi manera de alargar la declaración de pecados menos escabrosos… ¡Y qué avergonzado estaba yo al confesar mi crimen! No solo avergonzado, sino también espantado, trémulo...

Había una viuda implicada en el asunto; el reverendo me hizo prometer que establecería una renta a favor de la viuda de mi supuesta víctima, mediante un procedimiento oculto y, hay que reconocerlo, bastante ingenioso. No quiso saber ningún nombre, pero le interesaba saber si el asesinato había sido cometido con o sin premeditación... Tras largas vacilaciones y agobiado por la vergüenza, confesé la premeditación: una auténtica emboscada.

(Un eclesiástico interrumpe: «¡Lo que está usted haciendo en este instante es abominable, caballero!». Otro oyente añade: «Para su castigo, ningún cura querrá ya confesarle; ¡es usted un canalla!». Tumulto. Otro dice: «¡Los curas aquí presentes no deberían permanecer ni un segundo más!». El abate Garnier responde: «¡No; debemos oír hasta el final a ese miserable!». Algunas personas se levantan y abandonan la sala).

Que os vayáis o que os quedéis, me importa poco. Continuaré. Es mi deber rendir homenaje a aquel reverendo padre jesuita: jamás fui inquietado por la justicia. Mi enredo me permitió, pues, poner a prueba el secreto de confesión. Si algún día contara la historia completa de esos doce años, lo haría como hoy, con la más estricta imparcialidad y serenidad, señor abate Garnier.

(Aprobación en la sala).

Me limito, por ahora, a señalar mi primera victoria como el inicio de esta campaña. Si alguien se hubiera atrevido a insinuar al reverendo que yo no era el más sincero de los conversos, habría sido reprendido con severidad.

No entraba en mis planes precipitarme a ver al Soberano Pontífice. Es cierto que la revelación del asesinato había tenido un éxito formidable, pero el director de mi retiro en Clamart guardó el secreto únicamente para sí. A lo sumo, debió comunicar a su superior jerárquico, el que le había encomendado la exploración de mi alma: «¿Léo Taxil? Yo respondo por él». Una vez disipada la desconfianza en el Vaticano, ¿cómo podía agradar aún más a la Santa Sede? Pues bien, para llevar la broma al nivel máximo que soñaba —y que tuve la fortuna indescriptible de alcanzar— necesitaba realizar algunas de las aspiraciones más queridas por la Iglesia. Esa parte de mi plan había sido postergada desde el principio, dada mi decisión de conocer primero en profundidad el catolicismo.

El Sumo Pontífice se había pronunciado un año antes mediante la encíclica *Humanum genus*, que respondía a una clara preocupación de los católicos militantes. Gambetta había dicho: «El clericalismo, he ahí el enemigo». La Iglesia, por su parte, afirmaba: «¡El enemigo es la masonería!». Por tanto, injuriar a los masones era el mejor modo de allanar el camino para la colosal patraña cuya dulce satisfacción anticipaba con entusiasmo.

En los primeros tiempos, los masones se indignaron; no preveían que la conclusión, pacientemente preparada, sería una carcajada universal. Me creían comprometido para siempre. Se decía, se repetía, que todo era una forma de vengarme de la expulsión (irradiación) de mi logia, ocurrida en 1881; expulsión que, por cierto, no fue deshonrosa para mí y que es ampliamente conocida: una pequeña disputa provocada por dos individuos que ya han desaparecido... y en condiciones lamentables.

No, no me vengaba: me divertía. Y si hoy se examinara el trasfondo de toda esta campaña, incluso los masones que más hostilmente me trataron reconocerían que no causé daño a nadie. Diré más: incluso presté un servicio a la masonería francesa.

(Interrupción: «¡Exagera usted!»).

Esperad a que me explique, y estoy seguro de que compartiréis mi opinión. Quiero decir que la publicación de los rituales masónicos por mi parte influyó en las reformas que llevaron a la supresión de antiguas prácticas que ya resultaban ridículas a los ojos de los masones verdaderamente progresistas.

Pero dejemos eso y pasemos a resumir los hechos. Como mi propósito era crear una «diablería contemporánea» más imponente aún que la ciudad sublacustre del Leman, era preciso proceder con método. Había que sembrar, incubar el huevo del que nacería el Paladismo: una patraña de semejante calibre no se urde en un día.

(Una voz: «Se comprende»).

Desde los primeros tiempos de mi «conversión», me había convencido de que entre ciertos católicos está tácitamente admitido que el nombre de «Gran Arquitecto del Universo», utilizado por la masonería para referirse al Ser Supremo sin implicaciones confesionales, es en realidad una máscara astuta para encubrir al mismísimo Lucifer, o Satán, el diablo.

(Varias voces: «¡Basta, basta! ¡Se ha vuelto otra vez masón!». «Continuad, eso es interesante»).

Se relatan por doquier anécdotas donde el diablo aparece súbitamente en una logia masónica y preside la sesión. Esta creencia está plenamente asumida por muchos católicos. Hay más gente de lo que se piensa convencida de que las leyes de la naturaleza pueden ser alteradas por espíritus buenos, malignos o incluso por simples mortales.

Yo mismo quedé estupefacto cuando alguien me pidió realizar un milagro. Un buen canónigo de Friburgo, que apareció en mi casa como una bomba, me dijo: «Señor Taxil, usted es un santo. Para haberse apartado de un abismo tan profundo, debe de tener usted una montaña de gracias sobre la cabeza (sic). Desde que supe de su conversión, tomé el tren y aquí estoy. Es imprescindible que, a mi regreso, pueda decir que no sólo le he visto, sino que usted ha hecho un milagro ante mí».

(Risas del público).

No esperaba semejante petición. «¿Un milagro?», le respondí. «No le comprendo, señor canónigo». «Sí, un milagro, el que sea, para poder atestiguarlo. El que a usted se le ocurra. ¿Qué sé yo? Por ejemplo... esta silla: conviértala usted en bastón... o en paraguas».

(Largas risas).

Decliné cortésmente ejecutar semejante prodigio, y el canónigo regresó a Friburgo convencido de que, si yo no hacía milagros, era por humildad. Algunos meses después, me envió un queso enorme de Gruyère, en cuya corteza había tallado con cuchillo inscripciones piadosas y jeroglíficos de un misticismo desatado. Un queso excelente, por cierto, del que no se veía el fin... y que me comí con infinito respeto.

(Risas redobladas. Algunos oyentes católicos protestan).

Los primeros libros que publiqué sobre la masonería fueron exposiciones de rituales acompañadas de pequeñas anotaciones que parecían inofensivas, con interpretaciones que resultaban, en apariencia, anodinas. Siempre que un pasaje se prestaba a la ambigüedad, yo lo aclaraba en un sentido favorable a los católicos, quienes veían en «Monsieur Lucifer» al Gran Maestro Supremo de los masones. Pero todo eso apenas se insinuaba. Yo allanaba suavemente el terreno, preparándolo con discreción, para luego sembrar la semilla que tan bien habría de germinar.

Tras dos años de este trabajo preparatorio, volví a Roma.

(Una voz: «¡Ya hemos llegado!»).

Recibido en primer lugar por los cardenales Rampolla y Parocchi, tuve el honor de escuchar que mis libros eran «perfectos». ¡Ah, sí! Ponían perfectamente en claro lo que, según ellos, ya se sabía muy bien en el Vaticano. Era una alegría que un converso publicara aquellos famosos rituales.

(Risas).

El cardenal Rampolla me colmaba de «querido mío» con una efusividad enorme. ¡Y cuánto lamentaba que yo no hubiera pasado del grado de aprendiz en la masonería! Pero, puesto que había conseguido los rituales, nada más legítimo que reproducirlos. Afirmaba reconocer en ellos todo cuanto había leído en los documentos secretos de la Santa Sede... incluso lo que, por mi parte, no era más que invención pura, al nivel de los tiburones de Marsella o de la ciudad sublacustre del Leman.

(Una voz: «¡Pillo, canalla, granuja, tunante!»).

En cuanto al cardenal Parocchi, lo que más le interesaba era el asunto de las «hermanas masonas». Tampoco a él le revelaban nada nuevo mis supuestas «preciosas revelaciones».

(Murmullo general; risas y protestas).

Viajé a Roma sin saber que se necesita mucho tiempo para conseguir una audiencia privada con el Sumo Pontífice. Pero tuve la agradable sorpresa de no tener que esperar: el Santo Padre me recibió, y permanecí en su presencia durante tres cuartos de hora.

(Alguien grita: «¡Es usted un bandido!»).

Desde la noche anterior, tras haberme reunido con el cardenal secretario de Estado, tomé todas las precauciones para asegurarme el éxito de esta nueva etapa. Es seguro que aquel cardenal había recibido el encargo de examinarme previamente. Por tanto, me propuse causarle la impresión de un cerebro algo exaltado, pero no tanto como el del canónigo de Friburgo.

(Risas).

El informe verbal del cardenal Rampolla me aseguró la acogida deseada por parte del Papa. Desde que fui admitido bajo el estandarte de la Iglesia, comprendí una verdad fundamental: no se puede ser un buen actor sin meterse completamente en la piel del personaje que uno representa; hay que creer, aunque sea por un instante, en el papel que se interpreta. Si en el teatro se representa una escena de desesperación, no basta con fingir lágrimas: el actor mediocre se seca los ojos secos con un pañuelo; el verdadero artista llora de verdad.

(Alguien grita: «¡Pillo, bribón!»).

Así que, durante toda la mañana anterior a mi recepción, me sumergí por completo en mi papel. Estaba preparado para todo, seguro de no tropezar, inmune a cualquier sorpresa.

(La voz del orador se pierde momentáneamente entre el tumulto).

Cuando el papa me preguntó: «Hijo mío, ¿qué desea usted?». Le respondí: «Santo Padre, morir a vuestros pies, aquí mismo, en este instante. Sería mi mayor felicidad».

(Risas. Un asistente: «¡Respete a León XIII! ¡Usted no tiene derecho a pronunciar su nombre!»).

León XIII se dignó sonreírme y respondió que mi vida aún era necesaria para los combates de la fe. Luego abordó el tema de la masonería. Tenía todas mis obras en su biblioteca personal; las había leído de principio a fin. Insistió en el carácter satánico de la secta. Que yo, sin haber pasado de aprendiz, hubiese comprendido que «el diablo está ahí», era una muestra, según él, de mi mérito. Y el Sumo Pontífice pronunció la palabra «diablo» con una entonación tan solemne que todavía hoy me parece oírle repetir: «¡El diablo! ¡El diablo!».

Salí de aquella audiencia con la convicción de que mi plan podía llevarse a cabo hasta el final. Lo esencial era retirarme de la primera línea y dejar madurar el fruto.

El árbol del luciferismo moderno comenzaba a crecer, y le dediqué todos mis cuidados durante algunos años más. Finalmente, rehíce uno de mis libros, introduciendo en él un supuesto «ritual paládico» que había sido, en realidad, completamente inventado por mí, línea por línea.

(Un asistente: «¡Y aún escuchamos esto! ¡Es repugnante!»).

Esta vez, el Paladismo —o Alta Masonería luciferina— había nacido. El nuevo libro recibió las más entusiastas aprobaciones, incluso de todas las revistas dirigidas por los Padres de la Compañía de Jesús.

Había llegado el momento de retirarme discretamente, pues de no hacerlo habría arruinado irremediablemente la jugarreta más fantástica de los tiempos modernos.

Me puse a buscar al primer colaborador necesario. Era indispensable alguien que, habiendo viajado mucho, pudiera relatar una investigación misteriosa sobre ese supuesto «Paladismo», que actuaría como la organización secreta que dirige todas las logias y traslogias del mundo entero.

Justamente, un antiguo compañero del colegio, a quien volví a encontrar en París, había sido médico de la marina. Al principio no le revelé nada sobre la mistificación. Le di a leer algunos libros de autores que, tras mis sorprendentes "revelaciones", se habían hecho un verdadero lío. El más extraordinario de todos ellos es la obra de un jesuita, Monseñor Meurin, obispo de Port-Louis (Isla Mauricio), quien incluso vino a verme a París para consultarme. ¡Imaginad lo bien informado que estaría!

(Risas).

Meurin, excelente orientalista y erudito, solo podría compararse con aquel arqueólogo polaco que, entre las ruinas de la ciudad sublacustre del Leman, de mi invención, juraba haber distinguido los restos de una estatua ecuestre.

(Nuevas risas).

Partiendo de la firme convicción de que los masones adoran al diablo, y plenamente convencido de la existencia del Paladismo, Meurin se embarcó en descubrimientos absolutamente extraordinarios, que extrajo del análisis más minucioso de las palabras hebreas empleadas como contraseñas en los innumerables grados de los ritos masónicos. Cordones, mandiles, ornamentos, rituales... lo escudriñó todo. Examinó incluso los bordados más insignificantes de los fragmentos más pequeños de tela que hubieran pertenecido a cualquier masón, y, con la mejor buena fe del mundo, encontró por todas partes el nombre de «Paladismo».

Recordaré siempre como algunas de las horas más alegres de mi vida aquellas en las que me leyó, en manuscrito, su volumen *La Francmasonería, sinagoga de Satán*[20]. Esta obra me resultó sumamente útil para convencer a mi amigo, el doctor, de que en todo el simbolismo masónico se ocultaba, en efecto, un verdadero y oscuro sentido luciferino.

El doctor, en el fondo, se burlaba de todo eso; pero había estudiado realmente el espiritismo como un curioso aficionado. Sabía que en el mundo existen creyentes en las manifestaciones sobrenaturales, en los fantasmas, en las apariciones, etc.; sabía que en pequeñas reuniones de ocultistas, bromistas amables hacen aparecer espectros ante las buenas gentes que han olvidado a Robert Houdini. Pero lo que ignoraba era que en la masonería se realizaran operaciones semejantes; que existiera un culto ocultista luciferino y masónico; ignoraba por completo el Paladismo, sus Triángulos, los Magos Elegidos y las Maestras Templarias... toda aquella asombrosa organización suprema que yo había imaginado, y que monseñor Meurin y otros confirmaban científicamente.

En mi libro *¿Hay mujeres en la francmasonería?* [21], había introducido al personaje de una Gran Maestra del Paladismo, una tal Sofía Safo (¡de quien sólo di la inicial de

---

[20] *La Franc-Maçonnerie, synagogue de Satan* fue escrita por Monseñor Léon Meurin, S.J. (1825-1895), arzobispo jesuita de Port-Louis (Isla Mauricio). Publicada originalmente en francés en 1893, la obra se convirtió rápidamente en un referente del antimasonismo eclesiástico del siglo XIX, combinando argumentos teológicos, especulaciones lingüísticas y teorías conspirativas sobre la supuesta relación entre la masonería, el judaísmo y el satanismo.
[21] *Y a-t-il des femmes dans la franc-maçonnerie ?*, Librairie Antimaçonnique de Léo Taxil, París (1891).

su supuesto nombre real: «W». A mi amigo el doctor le confié el nombre completo, y él creyó firmemente en la existencia de Doña Walder.

Entendámonos: fue gracias a libros como el de monseñor Meurin que el doctor acabó creyendo en el Paladismo y en los diversos personajes que ya comenzaban a figurar como héroes de mi mistificación. Pero no intenté, ni remotamente, hacerle creer en las manifestaciones sobrenaturales que iban a ser relatadas.

(Tumulto general. Un religioso rompe en carcajadas y comienza a aplaudir. Estupefacción profunda entre los curas que lo rodean).

En definitiva, así fue como solicité la colaboración de mi amigo el doctor:

¿Quieres participar en una obra sobre el Paladismo? Yo conozco el tema a fondo, pero publicar rituales no tiene tanto atractivo como contar aventuras presentadas como testimonios directos, sobre todo si son aventuras espectaculares. Por otra parte, para conmover más profundamente a las almas sensibles, es necesario que el narrador sea un héroe, no un paladista arrepentido, sino un católico fervoroso que se pone la máscara diabólica para, a riesgo de su vida, llevar a cabo una investigación tenebrosa. Te daré un seudónimo, pues diremos que, por razones poderosas, el autor no puede firmar con su nombre verdadero; por ejemplo, que aún debe realizar una misión secreta entre los nihilistas.

(Risas).

No te harás conocer más que por un pequeño grupo de eclesiásticos. Me enviarás el itinerario de tus viajes, y conforme a él, te prepararé un esquema que no tendrás más que rellenar. Además, copiaré tu manuscrito para corregirlo, recortarlo y, sobre todo, completarlo con mis añadidos. A ti te tocará la parte médica, la descripción de las poblaciones y algunos relatos; a mí, la parte técnica del Paladismo, los informes sobre todos los personajes que haremos desfilar, y la mayoría de los episodios complementarios.

En suma, necesito tu colaboración para unas treinta o cuarenta entregas. No tengas miedo de que alguien te desmienta. Como has podido comprobar en los libros que te he dado a leer, los paladistas se componen de dos grupos: unos cuantos desequilibrados que creen realmente en Lucifer y en Dios, y que piensan que su culto debe mantenerse en secreto durante un número determinado de años; y los intrigantes, que se aprovechan de esos desequilibrados, excelentes sujetos para sus experimentos de espiritismo oculto.

Ni los unos ni los otros podrían protestar públicamente, pues la primera condición para pertenecer al Paladismo es el secreto más riguroso. De modo que, si protestaran, sus negativas no tendrían efecto: parecerían interesadas.

Mi amigo el doctor aceptó, y para mantenerle en la creencia de que el Paladismo existía realmente, a pesar de que los hechos maravillosos atribuidos por nosotros a sus Triángulos eran pura invención, hice que recibiera algunas cartas de Sofía Walder. Sofía se indignaba de que él pretendiera conocerla. El doctor me transmitía fielmente aquellas cartas. A la tercera o cuarta que recibió, me dijo: «Mucho me temo que esa mujer nos arme un escándalo y demuestre de forma irrefutable que todo lo que publicamos sobre ella es una pura mentira».

(Risas).

Yo le respondí: «Tranquilízate, protesta por la forma, pero en el fondo se divierte leyendo que tiene el don de atravesar paredes, y que posee una serpiente que le escribe profecías en la espalda con la punta de la cola».

(Más risas).

Le aseguré que me habían puesto en contacto con ella, que me la habían presentado. Es una buena muchacha, le dije, una paladista burlona; todo eso la hace desternillarse de risa. ¿Quieres que te la presente?

«¡Cómo no! –me respondió–. ¡Sería feliz de conocer a Sofía Walder!».

Algunos días después, envié a mi amigo una carta de la Gran Maestra Paladista, en la que ella consentía en ser presentada. Nos citamos en mi casa y desde allí debíamos ir juntos a ver a Sofía Safo, que incluso nos había invitado a comer. Mi amigo se presentó de etiqueta, como si hubiera sido invitado al Elíseo. Le mostré la mesa servida en casa y, aquella vez, le conté todo... o al menos casi todo.

¡Sofía Walder, un mito!

¡El Paladismo, mi creación más bella, existía solo en el papel... y en algunos miles de cerebros! No podía dar crédito... Tuve que presentarle pruebas. Cuando quedó convencido, le pareció aún más divertida la mistificación y siguió colaborando conmigo.

Entre las cosas que olvidé contarle hay una que sabrá ahora, gracias a esta conferencia: por qué le hice adoptar el seudónimo de Doctor Bataille. Era, en apariencia, para subrayar el carácter combativo del personaje, la guerra contra el Paladismo. Pero en realidad, la razón íntima del bromista que hay en mí era otra: un antiguo amigo mío, hoy difunto, fue un bromista sin igual, el príncipe de las farsas del Barrio Latino: el ilustre Sapeck. Yo quise hacerle revivir, en cierto modo, sin que se sospechara nada. El verdadero nombre de Sapeck era, precisamente, Bataille.

(Risas prolongadas).

El doctor, mi amigo, no bastaba para realizar todo mi plan. *El diablo en el siglo XIX*, según lo concebí, debía preparar la entrada en escena de una Gran Maestra luciferina... que, finalmente, se convertiría.

En la obra firmada por mí ya había presentado a Sofía Safo, pero bajo los colores más sombríos: me había dedicado a hacerla tan antipática como fuera posible para los buenos católicos. Era el tipo perfecto de diablesa encarnada, revolcándose en el sacrilegio, una verdadera satanista, como las que aparecen en las novelas de Huysmans.

Sofía Safo, o mejor dicho, la señorita Sofía Walder, solo estaba allí para ser rechazada... a fin de dar paso a otra luciferina, ésta sí simpática: una criatura angelical, atrapada en el infierno paladista por las circunstancias accidentales de su nacimiento.

Y sobre ese nuevo personaje, era la obra firmada por Bataille la encargada de presentarla al público católico.

(Una voz interrumpe: «¡Qué canalla! ¡Qué inmundo truhan!»).

Como aquella luciférica excepcional debía convertirse en un momento dado, era indispensable contar con una de carne y hueso para el caso de una presentación inevitable.

Poco antes de reencontrarme con mi compañero de infancia, el doctor, las necesidades de mi profesión me habían puesto en contacto con una copista dactilógrafa, representante en Europa de una de las grandes fábricas de máquinas de escribir de Estados Unidos. Tuve que encargarle muchos trabajos de copia y advertí en ella a una mujer inteligente, activa, viajera por razones profesionales, y además, de humor alegre y de una elegante sencillez, como suele verse en algunas familias protestantes. Su familia era francesa; su padre y su madre, ya fallecidos, eran ambos franceses, y el origen americano se remontaba apenas a su bisabuela.

A pesar de la coincidencia de apellido, no tiene ningún lazo de parentesco con Ernest Vaughan, exadministrador de *L'Intransigeant*. Hay muchos Vaughan en Francia, como también en Inglaterra y en Estados Unidos. Digo todo esto para evitar que se crea hoy que el señor Vaughan, con quien en otro tiempo tuve algunas relaciones, y cuyo cuñado fue siempre uno de mis mejores amigos, haya sido cómplice, directa o indirectamente, de mi mistificación. Me interesa prevenir cualquier confusión: la señorita Diana Vaughan no es su pariente en absoluto; el homónimo es mera casualidad.

No podía haber encontrado mejor cómplice. Nadie tan apta para secundarme como la señorita Vaughan. ¿Pero aceptaría?

No le hice la proposición de golpe; la observé primero y la fui interesando poco a poco en la diablura, que la divertía mucho. Es, como ya dije, más bien librepensadora que protestante, y por eso mismo quedaba asombrada al comprobar que, en este siglo, todavía hay personas que creen seriamente en las simplezas de la brujería medieval.

(Una voz: «¡No hemos venido aquí a oír esas cosas!». Otras voces: «¡Continúe, continúe!»).

¡Qué curioso! Los que me interrumpen son los mismos que, desde sus periódicos, me instaban a hablar. En fin, continúo.

Mi primera propuesta a la señorita Vaughan fue en relación con las cartas de Sofía Walder. Consintió en que las escribiera una amiga suya. Entonces confirmé que las mujeres son mucho menos indiscretas de lo que se dice, y que, si su pecado leve es la curiosidad, en cambio se puede confiar en su discreción. Jamás la amiga de la señorita Vaughan se jactó ante nadie de haber redactado las cartas de Sofía Walder. Además, las cartas no fueron muchas.

Finalmente, convencí a la señorita Vaughan para que fuera mi cómplice hasta el desenlace de la mistificación. Firmamos un contrato sencillo: 150 francos al mes por copiar manuscritos a máquina, así como por las cartas manuscritas. Naturalmente, si era necesario viajar, se le reembolsarían todos los gastos; pero nunca aceptó ni una sola moneda en concepto de regalo.

En realidad, se divertía enormemente con aquella broma descomunal. Le gustaba estar en correspondencia con obispos y cardenales, recibir cartas personales del Sumo Pontífice, contarles cuentos dignos de hacer dormir a cualquiera, informar al Vaticano sobre los oscuros complots de los luciferinos… todo eso la ponía de excelente humor y le causaba una alegría inexplicable.

(Risas).

Me daba las gracias por haberla hecho partícipe de aquella monumental farsa y, si hubiese tenido la fortuna que le atribuíamos en nuestras historias, no sólo habría rechazado el precio convenido por su colaboración, sino que incluso habría costeado todos los gastos con la mejor disposición.

Fue ella quien nos dio a conocer, con el objetivo de reducir gastos, la existencia de agencias privadas de correos. Había recurrido a ellas en Londres y nos indicó también la famosa Alibi-Office de Nueva York.

El diablo en el siglo XIX[22] fue escrito, principalmente, para acreditar a la señorita Vaughan, a quien desde entonces reservé el papel principal en la mistificación. Si se hubiese llamado Campbell o Thompson, habríamos bautizado a nuestra simpática posesa con el nombre de señorita Campbell o señorita Thompson. Nos limitamos, pues, a hacerla americana, aunque nacida accidentalmente en París. Ubicamos a su familia en Kentucky, lo que sirvió para hacer aún más interesante a nuestro personaje, multiplicando en su entorno fenómenos extraordinarios que, naturalmente, nadie podía comprobar.

(Risas).

Hubo otra razón de peso: había fijado en Estados Unidos (concretamente en Charleston) la sede del Paladismo, dándole como fundador al difunto general Albert Pike, Gran Maestre del Rito Escocés en Carolina del Sur. Este célebre masón, dotado de una erudición vastísima, fue una de las grandes luminarias de la Orden. De él hicimos el primer «Papa luciférico», jefe supremo de todos los

---

[22] *Le Diable au XIXe Siècle* fue publicado en 1892 bajo la firma del ficticio Dr. Bataille. La obra apareció en fascículos ilustrados publicados por la Librairie Antimaçonnique de Léo Taxil, en París. Presentada como una revelación documental sobre el «luciferismo masónico», es hoy considerada una de las piezas centrales de la «gran mistificación de Taxil». Su valor reside no en la veracidad de los hechos narrados, sino en su impacto en la literatura conspirativa y en la historia del antimasonismo moderno.

masones del globo, quien, según nuestra invención, se reunía invariablemente cada viernes a las tres de la tarde con Lucifer en persona.

(Explosión de risas).

Lo más curioso del asunto es que incluso algunos masones se embarcaron conmigo en esta broma sin que nadie se los pidiera. El buque del Paladismo terminó siendo un verdadero acorazado en comparación con el humilde remolcador que en mis comienzos envié tras los tiburones imaginarios de la rada de Marsella.

(Nuevas risas).

Sí, he visto publicaciones masónicas como *El renacimiento simbólico*[23] tragarse por completo una circular dogmática que propugnaba el ocultismo luciférico: me refiero a la circular del 14 de julio de 1889, redactada de mi puño y letra, y que pretendía haber sido transmitida desde Charleston a Europa por Diana Vaughan, actuando en nombre de Albert Pike, su supuesto autor.

Cuando nombré a Adriano Lemmi como segundo sucesor de Albert Pike en el Soberano Pontificado Diabólico,

---

[23] *La Renaissance Symbolique* fue una revista masónica francesa fundada a finales del siglo XIX, vinculada al simbolismo esotérico y a los estudios herméticos dentro de la tradición masónica. Publicada bajo los auspicios de logias progresistas del Rito Escocés Antiguo y Aceptado, la revista reflejaba el interés creciente por el simbolismo iniciático, la historia de los rituales y las conexiones entre masonería y espiritualidad. Durante la «mistificación de Taxil», llegó a reproducir con aparente credulidad ciertos textos falsos atribuidos al Paladismo, como la famosa «circular de Charleston» escrita en realidad por el propio Taxil, lo que demuestra cómo incluso círculos iniciáticos fueron arrastrados por el aparato de la propaganda antimasónica de la época.

porque no fue en el palacio Borghese, sino en mi despacho donde fue «elegido» Papa de los masones *(risas)*, y cuando aquella elección imaginaria llegó a conocimiento de los masones italianos, entre los que se encontraba incluso un diputado del Parlamento, se creyó que el asunto era serio. Les incomodaba saber, por indiscreciones de la prensa profana, que Lemmi actuaba como su carcelero, manteniéndolos alejados de ese célebre Paladismo del que ya se hablaba en todo el mundo.

Se congregaron entonces en Palermo y constituyeron tres Supremos Consejos independientes: en Sicilia, Nápoles y Florencia. Nombraron incluso a la señorita Vaughan socia de honor y protectora de su federación.

(Una voz: «Como broma, no estaba mal». Otro oyente: «Esos masones eran vuestros cómplices»).

Dejemos eso. Os lo repito: no he tenido más que dos auxiliares que estuvieran al tanto del secreto de la mistificación: mi amigo el doctor y la señorita Diana Vaughan.

Un auxiliar inesperado, aunque de ningún modo cómplice, digan lo que digan, fue el señor Margiotta, masón de Palmi en Calabria. Se enroló él mismo en la mistificación y terminó siendo más mistificado que los demás. Lo más divertido fue que llegó a contar que conoció a la Gran Maestra Paladista durante uno de sus viajes por Italia *(risas)*. Verdad es que yo le induje sutilmente a hacerme esa confesión. Le metí en la cabeza que aquel viaje realmente había tenido lugar. Creé a su alrededor una atmósfera de Paladismo, hice que en Roma se encontrara con un capellán de León XIII que, supuestamente, lo había invitado a comer con la señorita Diana tiempo atrás.

(Risas ruidosas y protestas).

Más aún: le hice creer que Diana Vaughan, durante su supuesto viaje de 1889 para traer a Europa la circular dogmática de Albert Pike, había recibido en el hotel Victoria de Nápoles a dos nutridos grupos de masones. Sabía que Margiotta, que es poeta, había dedicado un tomo de versos a Bovio, y me aseguré de decir que esos masones presentados a la señorita Vaughan en 1889 lo fueron por Bovio y Cosma Panunzi. Añadí que los asistentes al té eran tantos que la señorita Diana no recordaba sus nombres ni sus rostros.

Margiotta insinuó tímidamente al principio haber participado en aquel encuentro; luego, viendo que la historia «cuajaba» y que la señorita Diana no lo desmentía, lo afirmó con rotundidad. Fui aún más lejos. Cuando consideré necesario apagar la sospecha que crecía en Alemania y ocultarme tras el silencio de una comisión; cuando el doctor y yo nos entendimos para intensificar el aturdimiento de los cardenales mistificados; cuando Bataille y yo, siempre de acuerdo, fingimos una disputa feroz el uno contra el otro, Margiotta, al fin consciente, temió el ridículo y prefirió declararse cómplice antes que confesar que fue un ingenuo arrastrado por nuestra broma monumental.

Pero no convenía que apareciéramos más numerosos de lo que éramos en realidad: éramos tres, y con eso bastaba. Incluso los propios editores se equivocaron respecto al tema de los precios elevados. Por lo demás, no tienen motivo de queja. En primer lugar, porque nuestras maravillosas revelaciones les valieron las más expresivas felicitaciones episcopales, sin contar las de los más serios teólogos, quienes no se inmutaron ni siquiera ante nuestro cocodrilo tocando el piano o los viajes de la señorita Vaughan a diversos planetas.

(Risas).

Y además, porque aquella triple colaboración les permitió ofrecer al público dos obras que pueden rivalizar con *Las mil y una noches*, que han sido devoradas con entusiasmo y que se seguirán leyendo por largo tiempo, no por convicción, sino por pura curiosidad. No es poca cosa, en efecto, haber conseguido que el siglo XIX aceptara sin reservas nuestras historias maravillosas.

Ahora bien, me pregunto hasta qué punto tienen derecho a incomodarse aquellos que, desde las alturas, aprobaron el Paladismo hoy desenmascarado. Cuando uno se da cuenta de que ha sido engañado, lo mejor que puede hacer es reírse junto al público de la galería. Sí, señor abate Garnier: si usted se incomoda, conseguirá que se rían aún más de usted.

(El abate Garnier grita: «¡Es usted un canalla!». Se intenta calmar al abate. Cuando vuelve el silencio, Léo Taxil prosigue).

Los mistificados por el Paladismo pueden dividirse en dos categorías: los que participaron en él con absoluta buena fe, y los que fueron víctimas de su propia ciencia teológica y de su apasionado estudio sobre todo lo relacionado con la masonería. Yo mismo tuve que sumergirme hasta el cuello en esas dos ciencias para imaginarlo todo, absolutamente todo, de manera que no pudieran descubrir el engaño.

¿Se creerá, por ejemplo, que fue tarea sencilla hacer que de la Rive, la encarnación misma de la investigación, capaz de escrutar con microscopio los más ínfimos detalles, y más meticuloso que nuestros mejores jueces de instrucción, cayera en la trampa? Puede jactarse de haberme dado mucho trabajo.

Todo el Paladismo fue sólidamente edificado, al menos en lo que respecta a su parte masónica propiamente dicha. Tanto es así, que los propios masones creyeron que el edificio no era una simple escenografía y quisieron ingresar en él.

(Risas).

La imposibilidad del Paladismo sólo salta a la vista por el componente sobrenatural con que lo llenamos; y esas diabluras solo podrían poner en alerta a quienes no creen en otras similares contenidas en libros igualmente devotos. Asmodeo transportando a Miss Diana Vaughan al Paraíso Terrenal no es más extraordinario que Satán llevando a Jesucristo a la cima de una montaña desde la que le muestra todos los reinos del mundo… que, por cierto, es redonda.

(Diversas voces: «¡Bravo!»).

Se tiene fe, o no se tiene.

(Risas).

Pero además de esa primera categoría de mistificados, existe una segunda, en la cual no ha habido una mistificación absoluta. Los buenos abades y religiosos que han admirado en Diana Vaughan a una hermana masona y luciferina convertida, tienen derecho a creer que tales masonas existen. No las han visto, nunca se han encontrado con una, pero ¿pueden afirmar con certeza que no existen en su diócesis?

En Roma sucede lo mismo. Allí no se ignora que las únicas «masonas» son, en realidad, esposas, hijas o hermanas de masones, admitidas a banquetes, fiestas públicas e incluso reunidas, de manera muy decorosa, en sociedades particulares formadas exclusivamente por mujeres, como ocurre en Estados Unidos con las Hermanas de la Estrella de Oriente o las Damas de la Revolución.

(Muestras de aprobación).

Con un poco de reflexión, resulta fácil comprender que, si existiesen verdaderas hermanas masonas tal como las imaginan los antimasones, ya habrían ocurrido conversiones desde hace mucho tiempo.

La rapidez con la que en Roma se acogió la supuesta conversión de la señorita Vaughan es, en ese sentido, altamente significativa. Basta recordar que el señor Lazzarechi, delegado de la Santa Sede ante el Comité Central de la Unión Antimasónica, ordenó celebrar un triduo de acción de gracias en la iglesia del Sagrado Corazón, en Roma.

El himno a Juana de Arco, que se atribuyó a la señorita Vaughan, letra y música, fue interpretado durante las fiestas antimasónicas organizadas por el Comité romano. Esta melodía, que casi se convirtió en música sagrada y fue escuchada con gran solemnidad en las basílicas de la Ciudad Santa, no era otra cosa que el aire de *Seringue Philharmonique*, una burla musical compuesta por un antiguo amigo mío, director de orquesta del sultán Abdul-Aziz, para los entretenimientos del Serrallo.

(Risas prolongadas. Gritos: «¡Eso es abominable!». «¡El granuja!»).

Un entusiasmo tan desmedido por parte de Roma debería, al menos, invitarnos a la reflexión.

Recordaré dos hechos particularmente característicos.

Bajo la firma del «Doctor Bataille», relaté —y confirmé más tarde con la firma de la señorita Vaughan— que el templo masónico de Charleston albergaba un laberinto en cuyo centro se hallaba la capilla de Lucifer.

(M. Oscar Havard: El obispo de Charleston ha declarado que eso es una impostura).

Perfectamente, eso mismo iba a decir dentro de un momento. Pero no se precipite en cantar victoria. Espere un poco.

Afirmé, repito, que en dicho templo uno de los salones, de forma triangular y denominado *Sanctum Regnum*, tenía como adorno principal una estatua monstruosa de Baphomet, a la cual los altos grados rendían culto; que otra sala contenía una estatua de Eva, la cual cobraba vida cuando una Maestra Templaria resultaba particularmente grata al amo Satanás, transformándose así en la demoníaca Astarté, que vivía unos instantes sólo para besar a la hermana elegida.

Publiqué incluso el supuesto plano de ese templo masónico... plano que, dicho sea de paso, dibujé yo mismo.

Pues bien: Monseñor Henry P. Northrop, obispo católico de Charleston, viajó a Roma expresamente para asegurar al Sumo Pontífice que todos estos relatos no eran más que pura invención.

Este viaje habría pasado desapercibido de no haberse dejado entrevistar en el trayecto. Así fue como se conocieron sus declaraciones al Papa. Dijo lo siguiente: «Es completamente falso que los masones de Charleston sean los jefes de un rito supremo diabólico. Conozco personalmente a sus principales miembros: son protestantes de excelente reputación, sin la más mínima inclinación hacia el ocultismo. He visitado su templo y ninguno de los salones descritos por el doctor Bataille y la señorita Vaughan existe. Ese plano es una burla».

Monseñor Northrop no volvió a protestar después de su regreso de Roma, y desde entonces ha guardado silencio. La señorita Diana Vaughan, en cambio, respondió a la información aportada por el obispo afirmando que «el propio obispo de Charleston era masón» y que «ella había recibido la bendición del Papa».

(Sensación general en la sala).

Segundo hecho. Con las firmas de Bataille y Vaughan he relatado y confirmado que en Gibraltar, bajo la fortaleza británica, existen vastos talleres secretos donde seres monstruosos fabrican todos los instrumentos utilizados en las ceremonias del Paladismo. La señorita Diana Vaughan, interrogada al respecto por altas dignidades eclesiásticas en Roma, se divirtió respondiéndoles con su mejor caligrafía que «nada hay más cierto que el hecho de que las fraguas de esos misteriosos talleres de Gibraltar se alimentan con fuego del mismo Infierno».

(Risas).

Por su parte, monseñor el vicario apostólico de Gibraltar escribió para confirmar lo que ya había declarado a varias personas: que la historia de tales talleres secretos era una invención descarada, sin el menor fundamento, y que le indignaba profundamente ver cómo tales leyendas eran creídas. El Vaticano, sin embargo, no publicó esta carta del vicario apostólico de Gibraltar, y la señorita Vaughan recibió la bendición del Papa.

(Aplausos; muchas voces: «¡Bravo, Taxil!»).

¿Es necesario recordar algunas de las cartas de aprobación que recibió Miss Vaughan?

(Varias voces entre los periodistas católicos: «¡Eso no es verdad! ¡No hubo tales aprobaciones!»).

¡Cómo! ¿Os atreveréis a negarlo? *Las cartas existen.* He aquí una, firmada por el cardenal Parocchi, Vicario de Su Santidad, fechada el 16 de diciembre de 1895:

Señorita y querida hija en Nuestro Señor:

Con viva y muy dulce emoción he recibido su amable carta del 20 de noviembre, junto con el ejemplar de la *Neuvaine Eucharistique.*

Su Santidad me ha encargado que le envíe, de su parte, una bendición especial...

Hace ya tiempo que ha conquistado usted mis simpatías. Su conversión es uno de los triunfos más magníficos de la gracia que yo conozco.

En este momento leo sus *Memorias*, que despiertan un palpitante interés.

Créame, no la olvidaré en mis oraciones, especialmente durante el Santo Sacrificio. Por su parte, no deje usted de dar gracias a Nuestro Señor Jesucristo por la inmensa misericordia que ha tenido con usted y el brillante testimonio de amor que le ha inspirado.

Ahora, reciba mi bendición y créame,

Todo suyo en el Corazón de Jesús,

† L. M. Parocchi,

Cardenal Vicario

He aquí otra carta, esta vez en papel oficial, del Consejo General Directivo de la Unión Antimasónica, es decir, del comité de más alto rango en la lucha contra la masonería. Un comité constituido por el propio Papa y presidido por un representante oficial de la Santa Sede: monseñor Lazzareschi. Escuchad:

Roma, 27 de mayo de 1896

Señorita:

Monseñor Vincenzo Sardi, uno de los secretarios particulares del Santo Padre, me ha encargado que le escriba en nombre de Su Santidad. También debo informarle que Su Santidad ha leído con gran agrado su *Neuvaine Eucharistique*.

El señor comendador Alliata ha mantenido una conferencia con el Cardenal Vicario sobre la veracidad de su conversión. Su Eminencia está convencida, pero manifestó a nuestro presidente que no podía testificarlo públicamente: «No puedo traicionar los secretos del Santo Oficio», fue la respuesta de Su Eminencia al señor comendador Alliata.

Suyo afectísimo en Nuestro Señor,

Rodolfo Verzichi,
Secretario General

Y no es todo. El propio secretario particular de León XIII, el mencionado monseñor Vincenzo Sardi, escribió también otra carta, entre muchas más. Escuchad lo que decía:

Roma, 11 de julio de 1896
Señorita:
Me apresuro a expresarle las gracias que le son debidas por el envío de su último volumen sobre Crispi...

(Aclaración: en ese libro, firmado por Diana Vaughan, yo contaba que Crispi tenía un pacto con un demonio llamado Haborym; que había asistido en 1885 a una sesión paládica en la que un demonio de nombre Bitrú presentó a Sofía Walder ante un grupo de políticos italianos, anunciando que ésta daría a luz el 29 de septiembre de 1896 a una hija, que sería abuela del Anticristo. ¡Y ese libro lo envié al Vaticano!)

El secretario particular del Papa, tras agradecer el envío, continuaba:

Continúe usted, continúe, señorita, escribiendo y desenmascarando a la inicua secta. La Providencia ha permitido precisamente por ello que usted haya pertenecido tanto tiempo a ella... Me encomiendo de todo corazón a sus oraciones y, con sincera estima, me declaro
Su afectísimo,
Monseñor Vincenzo Sardi

Civiltà Cattolica la revista católica más importante del mundo, órgano oficial del general de los jesuitas, publicada en Roma, insertaba en su número de septiembre de 1896 las siguientes líneas: «Queremos darnos, al menos una vez, el placer de bendecir públicamente los nombres de los valerosos campeones que han entrado los primeros en la gloriosa arena; entre ellos se encuentra la noble señorita Diana Vaughan. Diana Vaughan, llamada desde las profundidades de las tinieblas hacia la luz de Dios, preparada por la Divina Providencia, armada de ciencia y de experiencia personal, vuelve hacia la Iglesia para servirla, y parece inagotable en sus preciosas publicaciones, que no tienen igual por su utilidad y exactitud».

No sólo era considerada la señorita Vaughan una heroica polemista entre quienes rodeaban al Papa, sino que se la colocaba incluso al nivel de los santos. Cuando empezaron a atacarla, el secretario del cardenal Parocchi le escribió desde Roma, el 19 de octubre de 1896:

Continúe, señorita, con su pluma y su piedad, y pese a los esfuerzos del Infierno, siga suministrando armas para derribar al enemigo del género humano. Todos los santos han visto sus obras combatidas; no es, pues, extraño que la suya no se vea libre.

Tenga usted, señorita, la bondad de aceptar mis más vivos sentimientos de admiración y respeto.

A. Villard,

Prelado de la Casa de Su Santidad,

Secretario de S.E. el cardenal Parocchi

Bien saben ustedes, señores periodistas católicos, que estas cartas fueron realmente enviadas a la señorita Vaughan. Es posible que hoy les incomoden, pero son documentos históricos. No han sido falsificados y sus eminentes autores no renegarán de ellos, pues no solo respaldaron la mistificación, sino que incluso impulsaron a Diana Vaughan, creyéndola una exaltada, a seguir adelante en su papel.

Hoy me falta el tiempo para explayarme más; sin embargo, voy a relatar un hecho adicional en esta misma línea. Todo el mundo conoce la leyenda católica según la cual, al quemar a Juana de Arco, el verdugo quedó estupefacto al observar que sólo el corazón de la heroína no se consumía con el fuego. En vano arrojó más azufre y brea ardiendo: el corazón no se quemó. Entonces, por orden de los encargados del suplicio, el corazón fue arrojado al Sena.

Actualmente, el clero francés solicita su canonización. Pero Roma, que es la que canoniza, se encuentra en Italia. El clero francés ha encontrado como argumento una costilla carbonizada; en Italia, sin embargo, se preparan para presentar algo mejor: una terciaria ha concebido la idea extraordinaria de que hallará el corazón de Juana de Arco, que sin duda le será traído por un ángel. Esta religiosa ultramística ha escrito a la señorita Vaughan, y el mismo secretario del Cardenal Vicario le ha recomendado que intercambie impresiones con dicha piadosa persona respecto a los hechos sobrenaturales vinculados a Juana de Arco. ¿Se entiende lo que esto significa?

Estad seguros: cualquier día, un ángel traerá el corazón, no a Francia, sino a Italia, como los ángeles que, según la tradición, trasladaron la casa de Nazaret a Loreto. Juana de Arco será canonizada, y todos los peregrinos franceses que viajen a Italia visitarán sin falta el convento italiano que posea el milagroso corazón... y, desde luego, esas visitas serán muy provechosas. ¿No es así?

(Risas).

En el Vaticano se sobresaltaron. Se pasó de un extremo al otro: entraron en pánico. Se preguntaban si, acaso, estarían frente a una bomba que estallaría contra la Iglesia en lugar de servirla. Se nombró en secreto una Comisión Investigadora con el objetivo de determinar con precisión a qué atenerse. Desde ese momento, el peligro se agrandaba. Mi obra estaba en riesgo, y yo no deseaba naufragar justo en el puerto. El silencio significaba el fracaso: la estrangulación de mi engaño en los calabozos de esa comisión romana, la prohibición para los periódicos católicos de pronunciar una sola palabra.

Mi amigo el doctor viajó a Colonia. Desde allí me informó de la situación. Partí entonces hacia el Congreso de Trento, bien prevenido. A mi regreso, la primera persona que vi fue precisamente mi amigo. Le comuniqué mis temores sobre aquella asfixia por medio del silencio. Entonces, acordamos cada una de las acciones posteriores, todo lo que se ha escrito y hecho desde entonces. Si los redactores de *L'Univers* lo dudan, puedo señalarles exactamente qué pasajes han suprimido en las cartas del doctor Bataille. Fui yo quien avivó su fuego: era esencial que la prensa del mundo entero se hiciera eco de aquella aventura tan grande como absurda.

Y era imprescindible también que pasara el tiempo. Que el escándalo causado por los católicos furiosos, la polémica con los partidarios de la señorita Diana Vaughan, sirvieran como trampolín para captar la atención de la gran prensa, la que marca el pulso del progreso y cuenta sus lectores por millones.

Antes de concluir, quiero rendir homenaje a un bromista anónimo, un perspicaz colega americano. Los bromistas nos entendemos de un lado al otro del mundo sin necesidad de escribirnos ni siquiera de usar el teléfono. Saludo, pues, al simpático ciudadano de Kentucky que tuvo la amable idea de ayudarme desinteresadamente, confirmando en el *Courier-Journal* de Louisville las revelaciones de Diana Vaughan. Aseguró a quien quisiera oírlo que había tratado íntimamente con la señorita Diana durante siete u ocho años, y que la había encontrado con frecuencia en diversas sociedades secretas de Europa y América... *lugares donde jamás ha puesto los pies*.

Señoras, señores: se os había prometido que hoy se echaría por tierra el Paladismo. Ha ocurrido algo más: está aniquilado. Ya no existe.

Me habían acusado de un asesinato imaginario en aquella confesión general que hice ante el jesuita de Clamart. Pues bien, ante vosotros, os confieso otro crimen: he cometido un infanticidio. Porque el Paladismo está muerto. Bien muerto. ¡Su padre acaba de asesinarlo!

(Un tumulto indescriptible sacudió la sala. Algunos reían a carcajadas y aplaudían al conferenciante; los católicos gritaban y silbaban. El abate Garnier se subió a una silla intentando dirigirse al público, pero fue acallado entre gritos de «¡fuera, fuera!». Algunos asistentes entonaron la canción cómica de Meusy: Ô Sacré Cœur de Jésus).

EL PODER DE LA IMAGEN
ICONOGRAFÍA Y ESPECTÁCULO GRÁFICO EN LA GRAN MISTIFICACIÓN DE TAXIL

En toda la obra antimasónica de Léo Taxil, y particularmente en los volúmenes más ambiciosos y teatrales como *Los misterios de la francmasonería* (1886) y *El diablo en el siglo XIX* (1892-1895), la imagen desempeña un papel central. No estamos ante simples ilustraciones de acompañamiento ni ante convenciones editoriales estéticas, sino ante un uso estratégico y profundamente deliberado de la iconografía como herramienta de sugestión, propaganda y manipulación ideológica. Este capítulo se adentra en ese universo visual, tan estrafalario como inquietante, que acompañó las páginas de los libros de Taxil y que supo amplificar y dar forma visual a las fábulas que él construyó con palabras.

Como comentábamos al principio, la Francia de fines del siglo XIX estaba profundamente marcada por la confrontación ideológica entre Iglesia y Estado, entre catolicismo militante y republicanismo laico, entre lo sagrado y lo secular. En ese contexto, las imágenes contenidas en los libros de Taxil —a menudo atribuidas a artistas como

Pierre Méjanel y grabadores como François Pannema-ker— no solo representaban escenas supuestamente inspiradas en rituales masónicos, sino que construían un imaginario visual plagado de elementos bíblicos, demonológicos y medievalizantes que evocaban, en su conjunto, una atmósfera de conspiración universal, de culto secreto y de liturgia herética.

Estas ilustraciones, muchas de ellas presentadas como documentos gráficos «extraídos de fuentes internas», construyen una iconografía paralela a la realidad: desde iniciaciones rodeadas de símbolos infernales hasta logias presididas por estatuas de Baphomet, pasando por rituales que incluyen espadas flamígeras, calaveras parlantes, triángulos mágicos y juramentos pronunciados ante ídolos luciferinos. Cada escena visualizaba una escena supuestamente ritual, pero en realidad se trataba de un ejercicio de escenografía mental: una puesta en escena que apelaba directamente a la emoción del lector católico, más acostumbrado al lenguaje simbólico que a la crítica racional.

En los grabados de *El diablo en el siglo XIX*, por ejemplo, se entrecruzan referencias procedentes de la literatura gótica, la iconografía cristiana, la estética del espiritismo decimonónico y la simbología masónica deformada. Diana Vaughan, figura central de la mistificación, aparece en ocasiones levitando o rodeada de demonios; logias ficticias del Paladismo se presentan como catedrales invertidas del satanismo moderno; y los «testimonios visuales» de las iniciaciones buscan explotar el morbo, el escándalo y el temor.

La importancia de estas imágenes no debe subestimarse. En una época en la que el público lector comenzaba a alfabetizarse masivamente, pero aún conservaba una fuerte cultura visual de lo sagrado y lo sobrenatural, la ilustración actuaba como prueba implícita de la veracidad del texto. Si algo se mostraba dibujado con detalles, perspectiva, sombras y realismo gráfico, debía ser cierto. Taxil supo aprovechar este efecto de realidad y lo potenció a través de grabados impactantes que llevaban su farsa del plano textual al plano simbólico y sensorial.

Además, muchas de estas imágenes, lejos de estar improvisadas, seguían una estructura teatral bien reconocible: un espacio escénico delimitado, personajes con atuendos codificados, elementos de utilería simbólica y dramatización del instante. Se trataba de verdaderas liturgias visuales, creadas no para documentar, sino para seducir, para estremecer y convencer. Esta «escenografía del horror» alcanzó tal grado de notoriedad que algunas de las láminas de Taxil fueron reproducidas en panfletos, exposiciones antimasónicas y revistas religiosas durante años, incluso después de que el autor confesara públicamente que todo había sido una mistificación.

En este capítulo presentamos una selección representativa de esas imágenes, no tanto como piezas artísticas sino como artefactos ideológicos. Cada ilustración es acompañada de un breve comentario que contextualiza su contenido, su relación con los rituales reales (cuando los hay) y su intencionalidad dentro del discurso del miedo y la conspiración. A través de estas imágenes, el lector podrá comprender mejor la dimensión visual de la gran broma de Taxil, que no fue solo literaria, sino también —y sobre todo— gráfica.

Taxil sabía que un grabado podía valer más que mil palabras: la imagen llegaba al subconsciente, abría la puerta de la credulidad y dejaba una huella difícil de borrar. Su obra no solo se lee, se contempla; y en esa contemplación, el lector queda atrapado —quizá aún hoy— entre la fascinación y el engaño.

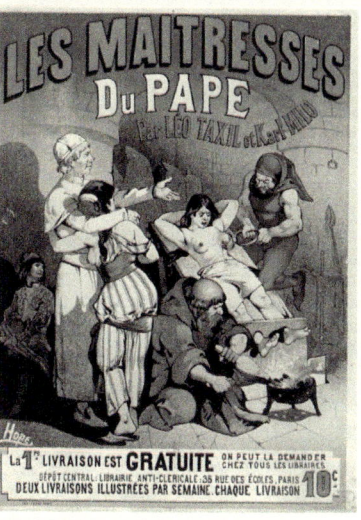

Las portadas de los libros antimasónicos de Léo Taxil destacan por su estilo recarga-
do, sensacionalista y explícitamente provocador. Suelen mostrar simbología masónica
distorsionada —como compases, calaveras, cruces invertidas o figuras demoníacas—,
combinada con títulos impactantes y una composición visual que busca atraer y escandalizar. Estas cubiertas no solo anticipan el contenido polémico de los libros, sino
que actúan como auténticos carteles de propaganda ideológica.

INICIACIÓN DEL APRENDIZ MASÓN

Escena de iniciación al grado de Aprendiz tomada de *Los misterios de la masonería* de Léo Taxil. La ilustración presenta evidentes inexactitudes simbólicas, como la incorrecta posición al Orden de los hermanos y la atribución de la ceremonia a un «Supremo Consejo», cuando en realidad este grado solo puede ser conferido por una Gran Logia. Estas distorsiones revelan el desconocimiento —o la voluntad de deformación— de las prácticas masónicas reales por parte del autor.

EXALTACIÓN AL GRADO DE MAESTRO

Momento simbólicamente clave en la progresión masónica, representado aquí con una
mezcla de elementos auténticos del ritual de exaltación —como la disposición de los
oficiales o la escenificación del drama de Hiram Abiff— junto a una confusa yuxtaposi-
ción de símbolos, ornamentos y decorados propios de otros grados o inventados. Esta
escena, que pretende ilustrar el momento culminante de la masonería simbólica, recurre
a una visualidad teatral que no se corresponde con la realidad ritual, en línea con la estrategia de Taxil de exagerar y reinterpretar iconográficamente la liturgia masónica para
alimentar su narrativa sobre supuestos secretos esotéricos y oscuros cultos iniciáticos.

CEREMONIA DE INICIACIÓN EN EL GRADO DE MAESTRO SECRETO,
4º DEL RITO ESCOCÉS ANTIGUO Y ACEPTADO

Escena correspondiente al acceso al primer grado de los denominados «altos grados» del REAA, en la que se representan elementos reales del ritual, como la corona de laurel y olivo —símbolo de la sabiduría y del mérito masónico— y las posturas rituales de los oficiales al orden. No obstante, la imagen también incorpora elementos apócrifos o exagerados, como la corona regia que lleva el presidente del taller y un decorado de logia que responde más a la imaginación del grabador que a la realidad de la ceremonia. Este tipo de representaciones, recogidas por Taxil, buscaban acentuar la supuesta teatralidad y secretismo del rito, reforzando así su discurso antimasónico, aunque lo hicieran mediante recursos visuales que distorsionaban la práctica auténtica.

CEREMONIA DE INICIACIÓN EN EL GRADO DE MAESTRO PERFECTO
5º GRADO DEL RITO ESCOCÉS ANTIGUO Y ACEPTADO

Representación ritual en la que un oficial —identificado como Capitán de la Guardia— aparece vestido con atuendos inspirados en la tradición bíblica, reforzando el carácter sagrado de la escena. En el centro, se muestra un monumento funerario estilizado, sobre el cual descansa la urna que, simbólicamente, contiene el corazón del Maestro Hiram Abiff. La escenografía, claramente teatralizada según los códigos visuales del siglo XIX, intensifica la solemnidad del momento iniciático. Esta imagen, recogida por Léo Taxil, fue utilizada con intención polémica, subrayando lo que él interpretaba como una pompa fúnebre esotérica cargada de secretos, cuando en realidad el simbolismo apunta a la continuidad del conocimiento y la lealtad masónica a la figura fundacional del maestro perdido.

CEREMONIA DE INICIACÓN EN EL GRADO DE INTENDENTE DEL EDIFICIO
8º GRADO DEL RITO ESCOCÉS ANTIGUO ACE`PTADO

Escena dramatizada del octavo grado del REAA en la que el guía del ritual conduce al recipiendario hacia una fuente de luz simbólica, marcada por un triángulo radiante con tres letras enigmáticas. Esta iconografía, intensamente alegórica, sugiere una experiencia transformadora cargada de misticismo. En las ilustraciones publicadas por Taxil, la escena adquiere un matiz inquietante al insinuarse una conexión con presuntas energías ocultas o luciferinas, interpretadas desde una perspectiva claramente antimasónica. El dramatismo de la escena fue utilizado deliberadamente para reforzar la idea de una iniciación cargada de secretos oscuros, aunque en el contexto original del rito, el simbolismo apunta más bien al conocimiento, la responsabilidad y la luz de la conciencia moral.

CEREMONIA DE INICIACIÓN AL GRADO DE CABALLERO ROSACRUZ
18º GRADO DEL RITO ESCOCÉS ANTIGUO Y ACEPTADO

Ilustración dramatizada de una ceremonia en el Capítulo Rosacruz, donde destacan tres columnas simbólicas —fe, esperanza y caridad— exageradas en proporciones pero fieles en su carga alegórica. El entorno ritual, envuelto en penumbra, refuerza el aura de misterio y elevación espiritual asociada a este grado. La imagen, como otras utilizadas por Léo Taxil, combina elementos reales con licencias visuales para intensificar el efecto en el lector y subrayar una atmósfera de esoterismo solemne.

INICIACIÓN AL GRADO DE CABALLERO DE LA SERPIENTE DE BRONCE
25º GRADO DEL RITO ESCOCÉS ANTIGUO Y ACEPTADO

Representación idealizada de la ceremonia de iniciación al grado 25º, inspirada en el episodio bíblico de la serpiente de bronce en el desierto. El recipiendario aparece rodeando un montículo desproporcionado que simboliza el monte Sinaí, en una escenografía cargada de dramatismo visual. Esta imagen, como otras difundidas por Léo Taxil, busca impresionar al lector y presentar los rituales masónicos como espectáculos crípticos y de resonancia simbólica exagerada.

INICIACIÓN AL GRADO DE CABALLERO ESCOCÉS DE SAN ANDRÉS
29° GRADO DEL RITO ESCOCÉS ANTIGUO Y ACEPTADO

Escena fantasiosa que representa el ritual del Caballero Escocés de San Andrés, en la que aparece el demonio Baphomet como presunto ídolo de veneración templaria. Los personajes, ataviados con ropajes rituales exagerados, refuerzan la intención dramática de la imagen. Esta ilustración formó parte de la estrategia de Léo Taxil para sustentar su tesis sobre el supuesto culto luciferino dentro de la masonería, apelando a un simbolismo efectista diseñado para escandalizar a la opinión pública.

INICIACIÓN AL GRADO DE CABALLERO KADOSH
30º GRADO DEL RITO ESCOCÉS ANTIGUO Y ACEPTADO

Escena alegórica inspirada en el ritual del Caballero Kadosh, que incorpora elementos visuales ajenos a las prácticas habituales de logia. La imagen, de fuerte impronta templaria, no pretende reproducir fielmente el ceremonial, sino evocar su atmósfera simbólica para atraer al lector mediante una estética dramática y sugerente, en sintonía con el tono sensacionalista característico de las publicaciones antimasónicas de la época.

INICIACIÓN AL GRADO DE PRÍNCIPE DEL REAL SECRETO
32° GRADO DEL RITO ESCOCÉS ANTIGUO Y ACEPTADO

Representación dramática y altamente simbólica del acceso al penúltimo grado del REAA, en la que el ceremonial se enmarca en una escenografía cargada de solemnidad y artificio. Aunque algunos elementos —como la disposición jerárquica o el uso de insignias y estandartes— reflejan prácticas reales del grado, la ilustración exagera intencionadamente la atmósfera de secreto y poder, incluyendo ornamentos y posturas ceremoniales que no se ajustan al ritual histórico. Esta imagen responde al propósito sensacionalista de Taxil de presentar la masonería como un sistema jerárquico impenetrable y ligado a saberes ocultos de inspiración luciferina.

LAS LOGIAS DE SEÑORAS – RITO DE ADOPCIÓN
INICIACIÓN DE LA MAESTRA PERFECTA – EL AVE DEL MISTERIO

Ilustración decimonónica inspirada en las llamadas «logias de adopción», estructuras masónicas femeninas asociadas a logias masculinas, particularmente activas en Francia desde el siglo XVIII. En esta escena idealizada —y en buena parte fantasiosa— se presenta una ceremonia de iniciación de mujeres bajo el llamado Rito de Adopción, con vestimentas, símbolos y actitudes solemnizadas al gusto de la época. Aunque el Rito de Adopción fue una práctica real, esta representación exagera y distorsiona los elementos rituales para sugerir la existencia de una masonería femenina paralela y secreta, alimentando así el imaginario conspirativo que Léo Taxil cultivó en sus obras.

PRECURSORES DE LA MASONERÍA – LOS LUCIFERINOS

Ilustración en la que se representa una escena altamente dramatizada y simbólica de
adoración satánica. Frente a un ídolo de Satán, varios personajes profanan una hostia
consagrada —que uno de ellos habría recibido en misa el día anterior— apuñalándola
ritualmente. Esta imagen, propia de la iconografía sensacionalista antimasónica del
siglo XIX, pretende vincular las prácticas masónicas con cultos luciferinos, reforzando
así el discurso de condena y sospecha promovido por autores como Léo Taxil.

PRECURSORES DE LA MASONERÍA – LOS TEMPLARIOS

Ilustración que ofrece una visión fantasiosa y anacrónica de la vinculación entre la Orden del Temple y los orígenes de la masonería. La escena recoge uno de los elementos más oscuros de la leyenda negra templaria —el acto de pisar un crucifijo como rito de iniciación— y lo enmarca en una escenografía teatral y cargada de dramatismo. Esta representación refuerza una tesis recurrente en la literatura antimasónica: la de una supuesta filiación directa entre templarios y masones, utilizada para dotar al relato de un aura de misterio, esoterismo y conspiración histórica.

INICIACIÓN DEL GRAN PATRIARCA

Ilustración que representa un supuesto grado llamado «Gran Patriarca», en el que el recipiendario quema incienso ante una estrella brillante identificada como Lucifer. El presidente de la ceremonia proclama: «Al nombre sagrado de Lucifer, arranca las raíces del oscurantismo». Este tipo de escenas, presentes en las obras antimasónicas de Léo Taxil como *Les Mystères de la Franc-Maçonnerie*, pertenecen al terreno de la mistificación. El grado de Gran Patriarca no forma parte de ningún rito masónico reconocido y fue inventado por el propio Taxil como parte de su célebre engaño. Se trata, por tanto, de una fantasía sensacionalista sin relación con la práctica real de la masonería.

ENTORNO TEOLÓGICO DE LA GRAN MISTIFICACIÓN DE TAXIL

LEÓN XIII
Y SU BULA ANTIMASÓNICA

La bula *Humanum genus*, promulgada por el papa León XIII el 20 de abril de 1884, es uno de los documentos más significativos en la historia de la condena oficial de la Iglesia católica contra la francmasonería. Es, al mismo tiempo, una síntesis doctrinal y un manifiesto ideológico que forma parte del cuerpo de enseñanzas sociales y eclesiológicas del pontificado de León XIII.

Se trata de un documento papal que surge en el marco de las tensiones políticas e ideológicas del siglo XIX, especialmente tras la consolidación de los regímenes liberales y laicistas en Europa, el proceso de unificación italiana, la pérdida de los Estados Pontificios (1870) y el avance de ideologías consideradas hostiles a la autoridad espiritual del Papa.

La Iglesia, enfrentada a una progresiva secularización de la sociedad, ve en la masonería una fuerza organizada, oculta, y de influencia mundial, responsable de la difusión de ideas racionalistas, relativistas, y materialistas, percibidas como contrarias a la fe, a la moral católica y al orden político cristiano.

Humanum genus es una encíclica doctrinal que se centra en varios apartados fundamentales. El primero es el viejo concepto de la tradición agustiniana que hablaba del conflicto entre dos ciudades. Así, León XIII presenta la historia humana como un conflicto entre la ciudad de Dios, cuyo fin es la obediencia a la verdad revelada, y la ciudad del hombre (o de Satanás), edificada sobre el orgullo y la rebelión contra Dios. Siguiendo dicho razonamiento, la masonería se identifica con esta segunda ciudad, como promotora de una moral naturalista y secular, enemiga de la Iglesia.

León XIII presenta la masonería como una sociedad secreta, jerárquica y mundialmente extendida. Inspirada en el racionalismo ilustrado y el naturalismo, negando toda verdad sobrenatural y toda autoridad divina. Propagadora, además de la libertad absoluta de conciencia, del relativismo religioso, de la educación laica y enemigo del matrimonio cristiano, por su impulso del divorcio y el debilitamiento de la familia tradicional.

El papa atribuye a la acción masónica la desacralización de las instituciones, la subversión del orden político cristiano, la persecución de la Iglesia a través de leyes laicistas y represivas y la difusión de un ethos individualista y utilitarista, alejado de la caridad cristiana.

La encíclica termina con un llamado explícito a resistir a la masonería mediante la promoción de asociaciones católicas fieles a Roma, educar en la fe a las nuevas generaciones, reforzar la unidad entre Iglesia, clero y laicos y rezar confiando en la gracia de Dios para que «la ciudad de Dios» prevalezca sobre sus enemigos.

Humanum genus reafirma el contenido de bulas anteriores como *In eminenti apostolatus* (Clemente XII, 1738) y *Providas Romanorum* (Benedicto XIV, 1751), condenas explícitas de la francmasonería como incompatible con la fe católica, pero, a diferencia de documentos anteriores, León XIII ofrece una crítica más desarrollada y sistemática, abordando también el impacto social y político de la masonería, no solo su doctrina.

Esta bula fue ampliamente difundida por las diócesis de todo el mundo, generando una fuerte reacción entre sectores liberales y anticlericales, que vieron en la encíclica una declaración de guerra ideológica. En los medios católicos tradicionalistas fue recibida como una llamada a la «lucha espiritual», lo que dio lugar a la creación de uniones antimasónicas, especialmente en Italia, Francia, Bélgica y Austria.

Léo Taxil supo capitalizar este ambiente para reinventarse como converso y llevar a cabo su famosa «mistificación», en la que confesó que la *Humanum genus* fue uno de los estímulos directos que lo inspiraron a iniciarla. La encíclica le ofrecía un marco doctrinal claro para presentar a la masonería como un enemigo espiritual, infiltrado y luciferino, que encajaba perfectamente con las fantasías que él mismo se propuso elaborar en varias de sus obras antimasónicas.

Gracias a la autoridad doctrinal de *Humanum genus*, Taxil consiguió el respaldo de sectores influyentes de la Iglesia, incluidos cardenales, teólogos, jesuitas y asociaciones antimasónicas, permitiendo que su obra fuera recibida como una confirmación documental de las acusaciones de la encíclica, lo que le permitió gozar de una credibilidad temporal que habría sido imposible sin el clima ideológico que la bula consolidó.

Taxil se apropió hábilmente del lenguaje y las imágenes de *Humanum genus* para construir su narrativa: la masonería como una secta secreta satánica, con rituales ocultos, culto a Lucifer y complots internacionales, y así logró que su farsa no solo fuera creída, sino difundida activamente desde púlpitos y publicaciones católicas. La bula, en definitiva, fue la base ideológica y retórica que Léo Taxil explotó para articular su gran farsa. Sin ella, difícilmente la campaña habría tenido el eco, el alcance y el éxito temporal que logró hasta su célebre confesión pública de 1897.

Aunque hoy en día las tensiones entre Iglesia y masonería no son tan abiertas como en el siglo XIX, *Humanum genus* sigue siendo un documento clave en la historia del pensamiento antimasónico, constituyendo una fuente de estudio indispensable para comprender la cosmovisión de León XIII, y por tanto de la Iglesia católica, así como su teología política. Es un texto crítico en el debate sobre libertad religiosa, autoridad moral, y pluralismo ideológico que, por su relevancia en el tema de este libro, reproducimos a continuación *in extenso*.

Es posible que su lectura sorprenda a más de uno por la extraordinaria virulencia con la que condena ideas y conceptos asumidos con plena normalidad hoy en día por todo el mundo, como la libertad de conciencia, la educación laica o el divorcio, especialmente si tenemos en cuenta que en teoría fue escrita bajo «inspiración divina».

LEÓN XIII
HUMANUM GENUS

(texto completo)

(I) El género humano, después de apartarse miserablemente de Dios, creador y dador de los bienes celestiales, *por envidia del demonio*, quedó dividido en dos campos contrarios, de los cuales el uno combate sin descanso por la verdad y la virtud, y el otro lucha por todo cuanto es contrario a la virtud y a la verdad. El primer campo es el reino de Dios en la tierra, es decir, la Iglesia verdadera de Jesucristo. Los que quieren adherirse a ésta de corazón como conviene para su salvación, necesitan entregarse al servicio de Dios y de su unigénito Hijo con todo su entendimiento y toda su voluntad. El otro campo es el reino de Satanás. Bajo su jurisdicción y poder se encuentran todos lo que, siguiendo los funestos ejemplos de su caudillo y de nuestros primeros padres, se niegan a obedecer a la ley divina y eterna y emprenden multitud de obras prescindiendo de Dios o combatiendo contra Dios. Con aguda visión ha descrito Agustín estos dos reinos como dos ciudades de contrarias leyes y deseos, y con sutil brevedad ha compendiado la causa eficiente de una y otra en estas palabras: «Dos amores edificaron dos ciudades: el amor de sí mismo hasta el desprecio de Dios edificó la ciudad terrena; el amor de Dios hasta el desprecio de sí mismo, la ciudad celestial». Durante todos los siglos han estado luchando entre sí con diversas armas y múltiples tácticas, aunque no siempre con el mismo ímpetu y ardor. En nuestros días, todos los que favorecen el campo peor parecen conspirar a una y pelear con la mayor vehemencia bajo la guía y con el auxilio de la masonería, sociedad extensamente dilatada y firmemente constituida por todas partes. No disimulan ya sus propósitos. Se levantan con suma audacia contra la majestad de Dios. Maquinan abiertamente la ruina de la santa Iglesia con el propósito de despojar enteramente, si pudiesen, a los pueblos cristianos de los beneficios que les ganó Jesucristo nuestro Salvador. Deplorando Nos estos males, la caridad nos urge y obliga a clamar repetidamente a Dios: *Mira que bravean tus enemigos y yerguen la cabeza los que te aborrecen. Tienden asechanzas a tu pueblo y se conjuran contra tus protegidos. Dicen: «Ea, borrémoslos del número de las naciones» (Ps.82)*.

(2) Ante un peligro tan inminente, en medio de una guerra tan despiadada y tenaz contra el cristianismo, es nuestro deber señalar el peligro, descubrir a los adversarios, resistir en lo posible sus tácticas y propósitos, para que no perezcan eternamente aquéllos cuya salvación nos está confiada, y para que no sólo permanezca firme y entero el reino de Jesucristo, cuya defensa Nos hemos tomado, sino que se dilate todavía con nuevos aumentos por todo el orbe.

I. LA IGLESIA, FRENTE A LA MASONERÍA

(3) Nuestros antecesores los Romanos Pontífices, velando solícitamente por la salvación del pueblo cristiano, conocieron la personalidad y las intenciones de este capital enemigo tan pronto como comenzó a salir de las tinieblas de su oculta conjuración. Los Romanos Pontífices, previendo el futuro, dieron la señal de alarma frente al peligro y advirtieron a los príncipes y a los pueblos para que no se dejaran sorprender por las artimañas y las asechanzas preparadas para engañarlos. El Papa Clemente XII, en 1738, fue el primero en indicar el peligro. Benedicto XIV confirmó y renovó la Constitución del anterior Pontífice. Pío VII siguió las huellas de ambos. Y León XIII, incluyendo en su Constitución Apostólica *Quo graviora* toda legislación dada en esta materia por los Papas anteriores, la ratificó y confirmó para siempre. Pío VIII, Gregorio XVI y reiteradamente Pío IX hablaron en el mismo sentido.

(4) En efecto, tan pronto como una serie de indicios manifiestos - instrucción de proceso, publicación de las leyes, ritos y anales masónicos, el testimonio personal de muchos masones- evidenciaron la naturaleza y los propósitos de la masonería, esta Sede Apostólica denunció y proclamó abiertamente que la masonería, constituida contra todo derecho divino y humano, era tan perniciosa para el Estado como para la religión cristiana. Y amenazando con las penas más graves que suele emplear la Iglesia contra los delincuentes,

prohibió terminantemente a todos inscribirse en esta sociedad. Los masones, encolerizados por esta prohibición, pensaron que podrían evitar, o debilitar al menos, en parte con el desprecio y en parte con las calumnias, la fuerza de estas sentencias, y acusaron a los Sumos Pontífices que las decretaron de haber procedido injustamente o de haberse excedido en su competencia. De esta manera procuraron eludir la grave autoridad de las Constituciones Apostólicas de Clemente XII, Benedicto XIV, Pío VII y Pío IX. No faltaron, sin embargo, dentro de la misma masonería quienes reconocieron, aun a pesar suyo, que las disposiciones tomadas por los Romanos Pontífices estaban de acuerdo con la doctrina y la disciplina de la Iglesia Católica. En este punto muchos Príncipes y Jefes de Gobierno estuvieron de acuerdo con los Papas, ya acusando a la masonería ante la Sede Apostólica, ya condenándola por sí mismos, promulgando leyes a este efecto. Así sucedió en Holanda, Austria, Suiza, España, Baviera, Saboya y otros Estados de Italia.

(5) Pero lo más importante es ver cómo la prudente previsión de nuestros antecesores quedó confirmada con los sucesos posteriores. Porque sus providentes y paternales medidas no siempre, ni en todas partes, tuvieron el éxito deseado. Fracaso debido, unas veces, al fingimiento astuto de los afiliados a la masonería, y otras veces, a las inconsiderada ligereza de quienes tenían la grave obligación de velar con diligencia en este asunto. Por esto, en el espacio de siglo y medio la masonería ha alcanzado rápidamente un crecimiento superior a todo lo que se podía esperar, e infiltrándose de una manera audaz y dolosa en todos los órdenes del Estado, ha comenzado a tener tanto poder, que casi parece haberse convertido en dueña de los Estados. A este tan rápido y terrible progreso se ha seguido sobre la Iglesia, sobre el poder de los príncipes y sobre la misma salud pública la ruina prevista ya mucho antes por nuestros antecesores. Porque hemos llegado a tal situación, que con razón debemos temer grandemente por el futuro, no ciertamente por el futuro de la Iglesia, cuyo fundamento es demasiado firme para que pueda ser socavado por el solo esfuerzo humano, sino por el futuro de aquellas naciones en las que ha logrado una influencia excesiva la secta de que hablamos u otras semejantes que están unidas a ella como satélites auxiliares.

(6) Por estas causas, tan pronto como llegamos al gobierno de la Iglesia, comprendimos claramente la gran necesidad de resistir todo

lo posible a una calamidad tan grave, oponiéndole para ello nuestra autoridad. Aprovechando repetidas veces la ocasión que se nos presentaba, hemos expuesto algunos de los puntos doctrinales más importantes que habían sufrido influjo mayor de los perversos errores masónicos. Así, en nuestra Encíclica *Quod Apostolici muneris* hemos demostrado con razones convincentes las utópicas monstruosidades de los socialistas y de los comunistas. Más tarde, en otra Encíclica, *Arcanum*, hemos defendido y explicado la verdadera y genuina noción de la sociedad doméstica, cuya fuente y origen es el matrimonio. Por último, en la Encíclica *Diuturnum* hemos desarrollado la estructura del poder político, configurado según los principios de la filosofía cristiana; estructura maravillosamente coherente con la naturaleza de las cosas y con la seguridad de los pueblos y de los gobernantes. Hoy, siguiendo el ejemplo de nuestros predecesores, hemos decidido consagrar directamente nuestra atención a la masonería en sí misma considerada, su sistema doctrinal, sus propósitos, su manera de sentir y de obrar, para iluminar con nueva y mayor luz su maléfica fuerza e impedir así el contagio de tan mortal epidemia.

II. JUICIO FUNDAMENTAL ACERCA DE LA MASONERÍA

(7) Varias son las sectas que, aunque diferentes en nombre, rito, forma y origen, al estar, sin embargo, asociadas entre sí por la unidad de intenciones y la identidad en sus principios fundamentales, concuerdan de hecho con la masonería, que viene a ser como el punto de partida y el centro de referencia de todas ellas. Estas sectas, aunque aparentan rechazar todo ocultamiento y celebran sus reuniones a la vista de todo el mundo y publican sus periódicos, sin embargo, examinando a fondo el asunto, conservan la esencia y la conducta de las sociedades clandestinas. Tienen muchas cosas envueltas en un misterioso secreto. Y es ley fundamental de tales sociedades el diligente y cuidadoso ocultamiento de estas cosas no sólo ante los extraños, sino incluso ante muchos de sus mismos adeptos. Tales son, entre otras, las finalidades últimas y más íntimas, las jerarquías supremas de cada secta, ciertas reuniones íntimas y ocultas, los modos y medios con que deben ser realizadas las decisiones adoptadas. A este fin se dirigen la múltiple diversidad de derechos, obligaciones y cargos existente entre los socios, la distinción establecida de órdenes y grados y la severidad disciplinar con que se rigen. Los iniciados tienen que prometer, más aún, de

ordinario tienen que jurar solemnemente, no descubrir nunca ni en modo alguno a sus compañeros, sus signos, sus doctrinas. Así, con esta engañosa apariencia y con un constante disimulo procuran con empeño los masones, como en otro tiempo los maniqueos, ocultarse y no tener otros testigos que sus propios conmilitones. Buscan hábilmente la comodidad del ocultamiento, usando el pretexto de la literatura y de la ciencia como si fuesen personas que se reúnen para fines científicos. Hablan continuamente de su afán por la civilización, de su amor por las clases bajas. Afirman que su único deseo es mejorar la condición de los pueblos y extender al mayor número posible de ciudadanos las ventajas propias de la sociedad civil. Estos propósitos, aunque fuesen verdaderos, no son, sin embargo, los únicos. Los afiliados deben, además, dar palabra y garantías de ciega y absoluta obediencia a sus jefes y maestros; deben estar preparados a la menor señal e indicación de éstos para ejecutar sus órdenes; de no hacerlo así, deben aceptar los más duros castigos, incluso la misma muerte. De hecho, cuando la masonería juzga que algunos de sus seguidores han traicionado el secreto o han desobedecido las órdenes recibidas, no es raro que éstos reciban la muerte con tanta audacia y destreza, que el asesino burla muy a menudo las pesquisas de la policía y el castigo de la justicia. Ahora bien, esto de fingir y querer esconderse, de obligar a los hombres, como esclavos, con un fortísimo vínculo y sin causa suficientemente conocida, de valerse para cualquier crimen de hombres sujetos al capricho de otros, de armar a los asesinos procurándoles la impunidad de sus delitos, es un crimen monstruoso, que la naturaleza no puede permitir. Por esto, la razón y la misma verdad demuestran con evidencia que la sociedad de que hablamos es contraria a la justicia y a la moral natural.

(8) Afirmación reforzada por otros argumentos clarísimos, que ponen de manifiesto esta contradicción de la masonería con la moral natural. Porque por muy grande que sea la astucia de los hombres para ocultarse, por muy excesiva que sea su costumbre de mentir, es imposible que no aparezca de algún modo en los efectos la naturaleza de la causa. *No puede árbol bueno dar malos frutos, ni árbol malo dar frutos buenos (Mt.7,8).* Los frutos de la masonería son frutos venenosos y llenos de amargura. Porque de los certísimos indicios que antes hemos mencionado, brota el último y principal de los intentos masónicos; a saber: la destrucción radical de todo el orden religioso y civil establecido por el cristianismo, y la

creación, a su arbitrio, de otro orden nuevo con fundamentos y leyes tomados de la entraña misma del *naturalismo*.

(9) Todo lo que hemos dicho hasta aquí, y lo que diremos en adelante, debe entenderse de la masonería considerada en sí misma y como centro de todas las demás sectas unidas y confederadas con ella, pero no debe entenderse de cada uno de sus seguidores. Puede haber, en efecto, entre sus afiliados no pocas personas que, aunque culpables por haber ingresado en estas sociedades, no participan, sin embargo, por sí mismos en los crímenes de las sectas e ignoran los últimos intentos de éstas. De la misma manera, entre las asociaciones unidas a la masonería, algunas tal vez no aprueban en modo alguno ciertas conclusiones extremas, que sería lógico abrazar como consecuencias necesarias de principios comunes, si no fuese por el horror que causa su misma monstruosidad. Igualmente algunas asociaciones, por circunstancias de tiempo y lugar, no se atreven a ejecutar todo lo que querrían hacer y otras suelen realizar; no por esto, sin embargo, deben ser consideradas como ajenas a la unión masónica, porque esta unión masónica debe ser juzgada, más que por los hechos y realizaciones que lleva a cabo, por el conjunto de principios que profesa.

III. NATURALEZA Y MÉTODOS DE LA MASONERÍA

[Autonomía de la razón]

(10) Ahora bien, el principio fundamental de los que profesan el Naturalismo, como su mismo nombre declara, es que la naturaleza humana y la razón natural del hombre han de ser en todo maestras y soberanas absolutas. Establecido este principio, los naturalistas, o descuidan los deberes para con Dios, o tienen de éstos un falso concepto impreciso y desviado. Niegan toda revelación divina. No admiten dogma religioso alguno. No aceptan verdad alguna que no pueda ser alcanzada por la razón humana. Rechazan todo maestro a quien haya que creer obligatoriamente por la autoridad de su oficio. Y como es oficio propio y exclusivo de la Iglesia Católica guardar enteramente y defender en su incorrupta pureza el depósito de las doctrinas reveladas por Dios, la autoridad del Magisterio y de los demás medios sobrenaturales para la salvación, de aquí que todo el ataque iracundo de estos adversarios se haya concentrado sobre la Iglesia. Véase ahora el proceder de la masonería en lo tocante a la religión, singularmente en las naciones en que tie-

ne una mayor libertad de acción, y júzguese si es o no verdad que todo su empeño se reduce a traducir en los hechos las teorías del Naturalismo. Hace mucho tiempo que se trabaja tenazmente para anular todo posible influjo del Magisterio y de la autoridad de la Iglesia en el Estado. Con este fin hablan públicamente y defienden la separación total de la Iglesia y del Estado. Excluyen así de la legislación y de la administración pública el influjo saludable de la religión católica. De lo cual se sigue la tesis de que la constitución total del Estado debe establecerse al margen de las enseñanzas y de los preceptos de la Iglesia. Pero no les basta con prescindir de tan buena guía como es la Iglesia. La persiguen, además, con actuaciones hostiles. Se llega, en efecto, a combatir impunemente de palabra, por escrito y con la enseñanza los mismos fundamentos de la religión católica. Se niegan los derechos de la Iglesia. No se respetan las prerrogativas con que Dios la enriqueció. Se reduce al mínimo su libertad de acción, y esto con una legislación en apariencia no muy violenta, pero en realidad dada expresamente para impedir la libertad de la Iglesia. Vemos, además, al Clero oprimido con leyes singularmente graves, promulgadas para disminuir cada día más su número y para reducir sus recursos; el patrimonio eclesiástico que todavía queda, gravado con todo género de cargas y sometido enteramente al juicio arbitrario del Estado; y las Órdenes Religiosas suprimidas y dispersas. Pero el esfuerzo más enérgico de los adversarios se lanza principalmente contra la Sede Apostólica y el Romano Pontífice. Primeramente le ha sido arrebatado a éste, con fingidos pretextos, el poder temporal, baluarte de su libertad y de sus derechos. A continuación ha sido reducido el Romano Pontífice a una situación injusta, a la par que intolerable, por las dificultades que de todas partes se le oponen. Finalmente, hemos llegado a una situación en la que los fautores de las sectas proclaman abiertamente lo que en oculto habían maquinado durante largo tiempo; esto es, que hay que suprimir la sagrada potestad del Pontífice y que hay que destruir por completo el pontificado instituido por derecho divino. Aunque faltasen otras pruebas, lo dicho está probado suficientemente por el testimonio de los mismos jefes sectarios, muchos de los cuales, en diversas ocasiones, y últimamente en una reciente memoria, han declarado como objetivo verdadero de la masonería el intento capital de vejar todo lo posible al Catolicismo como una enemistad implacable, sin descansar hasta ver deshechas todas las instituciones establecidas por los Papas en la esfera religiosa. Y si los afiliados a la masonería no están obligados a abjurar expresamente de la fe católica, esta táctica está tan lejos de oponerse a los intentos masónicos, que más bien sirve a sus propósitos. En primer lugar, porque éste es el camino de engañar fácilmente a los sencillos y a los incautos y de multiplicar el número de adeptos. Y en segundo lugar, porque al abrir los brazos a todos los procedentes de cualquier credo religioso, logra, de hecho, la propagación del gran error de los tiempos actuales: el indiferentismo religioso y la igualdad de todos los cultos. Conducta muy acertada para arruinar todas las religiones, singularmente la Católica, que, como única verdadera, no puede ser igualada a las demás sin suma injusticia.

[Errores Metafísicos]

(11) Pero los naturalistas avanzan más todavía. Lanzados audazmente por la vía del error en los asuntos de mayor importancia, caen despeñados por el precipicio de las conclusiones más extremistas, ya sea por la flaqueza de la naturaleza humana, ya sea por justo juicio de Dios, que castiga el pecado de la soberbia naturalista. De esta manera sucede que para esos hombres pierden toda su certeza y fijeza incluso las verdades conocidas por la sola luz natural de la razón, como son la existencia de Dios y la espiritualidad e inmortalidad del alma humana. Por su parte, la masonería tropieza con estos mismos escollos a través de un camino igualmente equivocado. Porque si bien reconocen generalmente la existencia de Dios, afirman, sin embargo, que esta verdad no se halla impresa en la mente de cada uno con firme asentimiento y estable juicio. Reconocen, en efecto, que el problema de Dios es entre ellos la causa principal de sus divisiones internas. Más aún, es cosa sabida que últimamente ha habido entre ellos, por esta misma cuestión, una no leve contienda. Pero, en realidad, la secta concede a sus iniciados una libertad absoluta para defender la existencia de Dios o para negarla; y con la misma facilidad se recibe a los que resueltamente defienden la opinión negativa como a los que piensan que Dios existe, pero tienen acerca de Dios un concepto erróneo como los panteístas, lo cual equivale a conservar una absurda idea de la naturaleza divina, rechazando la verdadera noción de ésta. Destruido o debilitado este principio fundamental, síguese lógicamente la inestabilidad en las verdades conocidas por la razón natural: la creación libre de todas las cosas por Dios, la providencia divina sobre el mundo, la

inmortalidad de las almas, la vida eterna que ha de suceder a la presente vida temporal.

[Moral cívica]

(12) Perdidas estas verdades, que son como principios del orden natural, trascendentales para el conocimiento y la práctica de la vida, fácilmente aparece el giro que ha de tomar la moral pública y privada. No nos referimos a las virtudes sobrenaturales, que nadie puede alcanzar ni ejercitar sin especial don gratuito de Dios. Por fuerza no puede encontrarse vestigio alguno de estas virtudes en los que desprecian como inexistentes la redención del género humano, la gracia divina, los sacramentos y la bienaventuranza que se ha de alcanzar en el cielo. Hablamos aquí de las obligaciones derivadas de la moral natural. Un Dios creador y gobernador providente del mundo; una ley eterna que manda conservar el orden natural y prohíbe perturbarlo; un fin último del hombre, muy superior a todas las realidades humanas y colocado más allá de esta transitoria vida terrena. Estas son las fuentes, éstos son los principios de toda moral y de toda justicia. Si se suprimen, como suelen hacer el naturalismo y la masonería, la ciencia moral y el derecho quedan destituidos de todo fundamento y defensa. En efecto, la única moral que reconoce la familia masónica, y en la que, según ella, ha de ser educada la juventud, es la llamada moral *cívica, independiente y libre;* es decir, una moral que excluya toda idea religiosa. Pero la debilidad de esta moral, su falta de firmeza y su movilidad a impulso de cualquier viento de pasiones, están bien demostradas por los frutos de perdición que parcialmente están ya apareciendo. Pues dondequiera que esta educación ha comenzado a reinar con mayor libertad, suprimiendo la educación cristiana, ha producido la rápida desintegración de la sana y recta moral, el crecimiento vigoroso de las opiniones más horrendas y el aumento ilimitado de las estadísticas criminales. Muchos son los que deploran públicamente esas consecuencias. Incluso no son pocos los que, aun contra su voluntad, las reconocen obligados por la evidencia de la verdad.

(13) Pero, además, como la naturaleza humana quedó manchada con la caída del primer pecado y, por esta misma causa, más inclinada al vicio que a la virtud, es totalmente necesario para obrar moralmente bien sujetar los movimientos desordenados del espíritu y someter los apetitos a la razón. Y para que en este combate la razón

vencedora conserve siempre su dominio se necesita muy a menudo el despego de todas las cosas humanas y la aceptación de molestias y trabajos muy grandes. Pero los naturalistas y los masones, al no creer las verdades reveladas por Dios, niegan el pecado del primer padre de la humanidad, y juzgan por esto que el libre albedrío «no está debilitado ni inclinado al pecado». Por el contrario, exagerando las fuerzas y la excelencia de la naturaleza y poniendo en ésta el único principio regulador de la justicia, ni siquiera pueden pensar que para calmar los ímpetus de la naturaleza y regir sus apetitos sean necesarios un prolongado combate y una constancia muy grande. Por esto vemos el ofrecimiento público a todos los hombres de innumerables estímulos de las pasiones; periódicos y revistas sin moderación ni vergüenza alguna; obras teatrales extraordinariamente licenciosas; temas y motivos artísticos buscados impúdicamente en los principios del llamado realismo; artificios sutilmente pensados para satisfacción de una vida muelle y delicada; la búsqueda, en una palabra, de toda clase de halagos sensuales, ante los cuales cierre sus ojos la virtud adormecida. Al obrar así proceden criminalmente, pero son consecuentes consigo mismos todos los que suprimen la esperanza de los bienes eternos y la reducen a los bienes caducos, hundiéndola en la tierra. Los hechos referidos pueden confirmar una realidad fácil de decir, pero difícil de creer. Porque como no hay nadie tan esclavo de las hábiles maniobras de los hombre astutos como los individuos que tienen el ánimo enervado y quebrantado por la tiranía de las pasiones, hubo en la masonería quienes dijeron y propusieron públicamente que hay que procurar con una táctica pensada sobresaturar a la multitud con una licencia infinita en materia de vicios; una vez conseguido este objetivo, la tendrían sujeta a su arbitrio para acometer cualquier empresa.

[Familia y Educación]

(14) Por lo que toca a la sociedad doméstica, toda la doctrina de los naturalistas se reduce a los capítulos siguientes: el matrimonio pertenece a la categoría jurídica de los contratos. Puede rescindirse legalmente a voluntad de los contrayentes. La autoridad civil tiene poder sobre el vínculo matrimonial. En la educación de los hijos no hay que enseñarles cosa alguna como cierta y determinada en materia de religión; que cada uno al llegar a la adolescencia escoja lo que quiera. Los masones están de acuerdo con estos principios. No solamente están de acuerdo, sino que se empeñan, hace ya tiempo,

por introducir estos principios en la moral de la vida diaria. En muchas naciones, incluso entre las llamadas católicas, está sancionado legalmente que fuera del matrimonio civil no hay unión legítima alguna. En algunos Estados la ley permite el divorcio. En otros Estados se trabaja para lograr cuanto antes la licitud del divorcio. De esta manera se tiende con paso rápido a cambiar la naturaleza del matrimonio, convirtiéndolo en una unión inestable y pasajera, que la pasión haga o deshaga a su antojo. La masonería tiene puesta también la mirada con total unión de voluntades en el monopolio de la educación de los jóvenes. Piensan que pueden modelar fácilmente a su capricho esta edad tierna y flexible y dirigirla hacia donde ellos quieren y que éste es el medio más eficaz para formar en la sociedad una generación de ciudadanos como ellos imaginan. Por esto, en materia de educación y enseñanza no permiten la menor intervención y vigilancia de los ministros de la Iglesia, y en varios lugares han conseguido que toda la educación de los jóvenes esté en manos de los laicos y que al formar los corazones infantiles nada se diga de los grandes y sagrados deberes que unen al hombre con Dios.

[Doctrina Política]

(15) Vienen a continuación los principios de la ciencia política. En esta materia los naturalistas afirman que todos los hombres son jurídicamente iguales y de la misma condición en todos los aspectos de la vida. Que todos son libres por naturaleza. Que nadie tiene derecho de mandar a otro y que pretender que los hombres obedezcan a una autoridad que no proceda de ellos mismos es hacerles violencia. Todo está, pues, en manos del pueblo libre; el poder político existe por mandato o delegación del pueblo, pero de tal forma que, si cambia la voluntad popular, es lícito destronar a los Príncipes aun por la fuerza. La fuente de todos los derechos y obligaciones civiles está o en la multitud o en el gobierno del Estado, configurado, por supuesto, según los principios del derecho nuevo. Es necesario, además, que el Estado sea ateo. No hay razón para anteponer una religión a otra entre las varias que existen. Todas deben ser consideradas por igual.

(16) Que los masones aprueban igualmente estos principios y que pretenden constituir los Estados según este modelo son hechos tan conocidos que no necesitan demostración. Hace ya mucho tiempo que con todas sus fuerzas y medios pretenden abiertamente esta

nueva constitución del Estado. Con lo cual están abriendo el camino a otros grupos más audaces que se lanzan sin control a pretensiones peores, pues procuran la igualdad y propiedad común de todos los bienes, borrando así del Estado toda diferencia de clases y fortuna.

IV. EL MAL RADICAL DE LA MASONERÍA

[Dogmática depravada]

(17) La naturaleza y los métodos de la masonería quedan suficientemente aclarados con la sumaria exposición que acabamos de hacer. Sus dogmas fundamentales discrepan tanto y tan claramente de la razón, que no hay mayor depravación ideológica. Querer destruir la religión y la Iglesia, fundada y conservada perpetuamente por el mismo Dios, y resucitar, después de dieciocho siglos, la moral y la doctrina del paganismo, es necedad insigne e impiedad temeraria. Ni es menos horrible o intolerable el rechazo de los beneficios que con tanta bondad alcanzó Jesucristo, no sólo para cada hombre en particular, sino también para cuantos viven unidos en la familia o en la sociedad civil; beneficios, por otra parte, señaladísimos según el juicio y testimonio de los mismos enemigos. En este insensato y abominable propósito parece revivir el implacable odio y sed de venganza en que Satanás arde contra Jesucristo. De manera semejante, el segundo propósito de los masones, destruir los principios fundamentales del derecho y de la moral y prestar ayuda a los que, imitando a los animales, querrían que fuese lícito todo lo agradable, equivale a empujar al género humano ignominiosa y vergonzosamente a la muerte. Aumentan este mal los peligros que amenazan a la sociedad doméstica y a la sociedad civil. Porque, como hemos expuesto en otras ocasiones, el consentimiento casi universal de los pueblos y de los siglos demuestra que el matrimonio tiene un algo sagrado y religioso; pero además la ley divina prohíbe su disolución. Si el matrimonio se convierte en una mera unión civil, si se permite el divorcio, la consecuencia inevitable que se sigue en la familia es la discordia y la confusión, perdiendo su dignidad la mujer y quedando incierta la conservación y suerte posterior de la prole. La despreocupación pública total de la religión y el desprecio de Dios, como si no existiese, en la constitución y administración del Estado, constituyen un atrevimiento inaudito aun para los mismos paganos, en cuyo corazón y en cuyo entendimiento estuvo tan grabada no sólo la creencia en los dioses, sino la necesi-

dad de un culto público, que consideraban más fácil encontrar una ciudad en el aire que un Estado sin Dios. En realidad, la sociedad humana, a que nos sentimos naturalmente inclinados, fue constituida por Dios, autor de la naturaleza; y de Dios procede, como de principio y fuente, toda la perenne abundancia de los bienes innumerables que la sociedad disfruta. Por tanto, así como la misma naturaleza enseña a cada hombre en particular a rendir piadosa y santamente culto a Dios, por recibir de Él la vida y los bienes que la acompañan, de la misma manera y por idéntica causa incumbe este deber a los pueblos y a los Estados. Y los que quieren liberar al Estado de todo deber religioso, proceden no sólo contra todo derecho, sino además con una absurda ignorancia. Y como los hombres nacen ordenados a la sociedad civil por voluntad de Dios, y el poder de la autoridad es un vínculo tan necesario a la sociedad que sin aquél ésta se disuelve necesariamente, síguese que el mismo que creó la sociedad creó también la autoridad. De aquí se ve que, sea quien sea el que tiene el poder, es ministro de Dios. Por lo cual, en todo cuanto exijan el fin y naturaleza de la sociedad humana, es razonable obedecer al poder legítimo cuando manda lo justo como si se obedeciera a la autoridad de Dios, que todo lo gobierna. Y nada hay más contrario a la verdad que suponer en manos del pueblo el derecho de negar la obediencia cuando le agrade. De la misma manera nadie pone en duda la igualdad de todos hombres si se consideran su común origen y la naturaleza, el fin último a que todos están ordenados y los derechos y obligaciones que de aquéllos espontáneamente derivan. Pero como no pueden ser iguales las cualidades personales de los hombres y son muy diferentes unos de otros en los dotes naturales de cuerpo y de alma y son muchas las diferencias de costumbre, voluntades y temperamentos, nada hay más contrario a la razón que pretender abarcarlo y confundirlo todo en una misma medida y llevar a las instituciones civiles a una igualdad jurídica tan absoluta. Así como la perfecta disposición del cuerpo humano resulta de la unión armoniosa de miembros diversos, diferentes en forma y funciones, pero que vinculados y puestos en sus propios lugares constituyen un organismo hermoso, vigoroso y apto para la acción, así también en la sociedad política las desemejanzas de los individuos que la forman son casi infinitas. Si todos fuesen iguales y cada uno se rigiera a su arbitrio, el aspecto de este Estado sería horroroso. Pero si, dentro de los distintos grados de dignidad, aptitudes y trabajo, todos colaboran eficazmente al bien común, reflejarán la imagen de un Estado bien constituido y conforme a la naturaleza.

(18) Los perturbadores errores que hemos enumerado bastan por sí solos para provocar en los Estados temores muy serios. Porque, suprimido el temor de Dios y el respeto a las leyes divinas, despreciada la autoridad de los gobernantes, permitida y legitimada la fiebre de las revoluciones, desatadas hasta la licencia las pasiones populares, sin otro freno que la pena, forzosamente han de seguirse cambio y trastornos universales. Estos cambios y estos trastornos son los que buscan de propósito, sin recato alguno, muchas asociaciones *comunistas* y *socialistas*. La masonería, que favorece en gran escala los intentos de estas asociaciones y coincide con ellas en los principios fundamentales de su doctrina, no puede proclamarse ajena a los propósitos de aquéllas. Y, si de hecho no llegan de modo inmediato y en todas partes a los mayores extremos, no ha de atribuirse esta falta a sus doctrinas ni a su voluntad, sino a la eficaz virtud de la inextinguible religión divina y al sector sano de la humanidad que, rechazando la servidumbre de las sociedades clandestinas, resiste con energía los locos intentos de éstas.

[Ambiciones masónicas]

(19) ¡Ojalá juzgasen todos del árbol por sus frutos y conocieran la semilla radical de los males que nos oprimen y de los peligros que nos amenazan! Tenemos que enfrentarnos con un enemigo astuto y doloso que, halagando los oídos de los pueblos y de los gobernantes, se ha cautivado a los unos y a los otros con el cebo de la adulación y de las suaves palabras. Insinuándose entre los gobernantes con el pretexto de la amistad, pretendieron los masones convertirlos en socios y auxiliares poderosos para oprimir al catolicismo. Y para estimularlos con mayor eficacia, acusaron por envidia, a los príncipes el poder y las prerrogativas reales. Afianzados y envalentonados entre tanto con estas maniobras, comenzaron a ejercer un influjo extraordinario en el gobierno de los Estados, preparándose, por otra parte, para sacudir los fundamentos de las monarquías y perseguir, calumniar y destronar a los reyes siempre que éstos procediesen en el gobierno de modo contrario a los deseos de la masonería. De modo semejante engañaron a los pueblos por medio de la adulación. Voceando a boca llena libertad y prosperidad pública y afirmando que por culpa de la Iglesia y de los monarcas no había salido ya la multitud de su inicua servidumbre y de su miseria, se-

dujeron al pueblo y, despertando en éste la fiebre de las revoluciones, le incitaron a combatir contra ambas potestades. Sin embargo, la espera de estas ventajas tan deseadas es hoy día todavía mayor que su realidad; porque la plebe, más oprimida que antes, se ve forzada en su mayor parte a carecer incluso de los mismos consuelos de su miseria que hubiera podido hallar con facilidad y abundancia en una sociedad cristianamente constituida. Y es que todos los que se rebelan contra el orden establecido por la Providencia divina suelen encontrar el castigo de su soberbia tropezando con una suerte desoladora y miserable allí mismo donde, temerarios, la esperaban, conforme a sus deseos, próspera y abundante.

(20) La Iglesia, en cambio, que manda obedecer primero y por encima de todo a Dios, soberano Señor de la creación, no puede sin injuria y falsedad ser acusada ni como enemiga del poder político ni como usurpadora de los derechos de los gobernantes. Por el contrario, la Iglesia manda dar al poder político, como criterio y obligación de conciencia, cuanto de derecho se le debe. Por otra parte, el que la Iglesia ponga en Dios mismo el origen del poder político aumenta grandemente la dignidad de la autoridad civil y proporciona un apoyo no leve para obtenerle el respeto y la benevolencia de los ciudadanos. La Iglesia, amiga de la paz y madre de la concordia, abraza a todos con materno cariño. Ocupada únicamente en ayudar a los hombres, enseña que hay que unir la justicia con la clemencia, el poder con la equidad, las leyes con la moderación; que no debe ser violado el derecho de nadie; que hay que trabajar positivamente por el orden y la tranquilidad pública; que hay que aliviar, en la medida más amplia posible, pública y privadamente la miseria de los necesitados. "Pero la causa de que piensen -para servirnos de las palabras de Agustín- o de que pretendan hacer creer que la doctrina cristiana no es provechosa para el Estado, es que no quieren un Estado apoyado sobre la solidez de las virtudes, sino sobre la impunidad de los vicios". Según todo lo dicho, sería una insigne prueba de prudencia política y una medida necesaria para la seguridad pública que los gobernantes y los pueblos se unieran no con la masonería para destruir a la Iglesia, sino con la Iglesia para destrozar los ataques de la masonería.

V. REMEDIOS

(21) Pero sea lo que sea, ante un mal tan grave y tan extendido ya, es nuestra obligación, venerables hermanos, consagrarnos con toda

el alma a buscar los remedios. Y como la mejor y más firme esperanza de remedio está situada en la eficacia de la religión divina, tanto más odiada de los masones cuanto más temida por ellos, juzgamos que el remedio fundamental consiste en el empleo de esta virtud tan eficiente contra el común enemigo. Por consiguiente, todo lo que los Romanos Pontífices, nuestros antecesores, decretaron para impedir las iniciativas y los intentos de la masonería, todo lo que sancionaron para alejar a los hombres de estas sociedades o liberarlos de ellas, todas y cada una de estas disposiciones damos por ratificadas y las confirmamos con nuestra autoridad apostólica. Y, confiados en la buena voluntad de los cristianos, rogamos y suplicamos a cada uno de ellos en particular por su eterna salvación que tengan como un deber sagrado de conciencia el no apartarse un punto de lo que en esta materia ordena la Sede Apostólica.

[Desenmascarar la masonería]

(22) A vosotros, venerables hermanos, os pedimos y rogamos con la mayor insistencia que, uniendo vuestros esfuerzos a los nuestros, procuréis con ahínco extirpar este inmundo contagio que va penetrando en todas las venas de la sociedad. Debéis defender la gloria de Dios y la salvación de los prójimos. Si miráis a estos fines en el combate, no ha de faltaros el valor ni la fortaleza. Vuestra prudencia os dictará el modo y los medios mejores de vencer los obstáculos y las dificultades que se levantarán. Pero como es propio de la autoridad de nuestro ministerio que Nos indiquemos algunos medios más adecuados para la labor referida, quede bien claro que lo primero que debéis procurar es arrancar a los masones su máscara, para que sea conocido de todos su verdadero rostro; y que los pueblos aprendan por medio de vuestro sermones y pastorales, escritas con este fin, las arteras maniobras de esas sociedades en el halago y en la seducción, la maldad de sus teorías y la inmoralidad de su acción. Que nadie que estime en lo que debe su profesión de católico y su salvación personal, juzgue serle lícito por ninguna causa inscribirse en la masonería, prohibición confirmada repetidas veces por nuestros antecesores. Que nadie sea engañado por una moralidad fingida. Pueden, en efecto, pensar algunos que nada piden los masones abiertamente contrario a la religión y a la sana moral. Sin embargo, como toda la razón de ser de la masonería se basa en el vicio y en la maldad, la consecuencia necesaria es la ilicitud de toda unión con los masones y de toda ayuda prestada a éstos de cualquier modo.

[Esmerada instrucción religiosa]

(23)Es necesario, en segundo lugar, inducir por medio de una frecuente predicación a las muchedumbres para que se instruyan con todo esmero en materia religiosa. A este fin recomendamos mucho que en los escritos y en los sermones se expliquen oportunamente los principios fundamentales de la filosofía cristiana. El objetivo de estas exposiciones es sanar los entendimientos por medio de la instrucción y fortalecerlos contra las múltiples formas del error y las variadas sugestiones del vicio, contenidas especialmente en el libertinaje actual de la literatura y en el ansia insaciable de aprender. Gran obra, sin duda. Pero en ellas será vuestro primer auxiliar y colaborador el clero si lográis con vuestros esfuerzos que salga bien formado en costumbres y bien equipado de ciencia. Pero una empresa tan santa e importante exige también la cooperación auxiliar de los seglares, que unan el amor de la religión y de la patria con la virtud y el saber. Unidas las fuerzas del clero y del laicado, trabajad, venerables hermanos, para que todos los hombres conozcan y amen como se debe a la Iglesia. Cuanto mayores sean este conocimiento y este amor, tanto mayores serán la huída y el rechazo de las sociedades secretas. Aprovechando justificadamente esta oportunidad, renovamos ahora nuestro encargo, ya repetido otras veces, de propagar y fomentar con toda diligencia la Orden Tercera de San Francisco, cuyas reglas con prudente moderación hemos aprobado hace poco. El único fin que le dio su autor, es atraer a los hombre a la imitación de Jesucristo, al amor de su Iglesia, al ejercicio de todas las virtudes cristianas. Grande, por consiguiente, es su eficacia para impedir el contagio de estas malvadas sociedades. Auméntese, pues, cada vez más esta santa asociación, de la cual podemos esperar muchos frutos, y especialmente el insigne fruto de que vuelvan los corazones a la libertad, fraternidad e igualdad jurídicas, no como absurdamente las conciben los masones, sino como las alcanzó Jesucristo para el género humano y las siguió San Francisco. Una libertad propia de *los hijos de Dios,* por la cual nos veamos libres de la servidumbre de Satanás y de la perversa tiranía de las pasiones; una fraternidad cuyo origen resida en Dios, Creador y Padre común de todos; una igualdad que, basada en los fundamentos de la justicia y de la caridad, no borre todas las diferencias entre los hombres, sino que con la variedad de condiciones, deberes e inclinaciones forme aquel admirable y armonioso conjunto que es propio naturalmente de toda vida civil digna y útilmente constituida.

[Asociaciones obreras y patronales]

(24) Existe, en tercer lugar, una institución, sabiamente establecida por nuestros mayores e interrumpida durante algún tiempo, que puede valer ahora como forma ejemplar para algo semejante. Nos referimos a los gremios de trabajadores, creados para defensa conjunta, al amparo de la religión, de sus propios intereses y de las buenas costumbres. Si nuestros mayores con el uso y experiencia de un largo espacio de tiempo comprobaron la utilidad de estas asociaciones, tal vez la experimentaremos mejor nosotros por su especial eficacia para burlar el poder de las sectas. Los que soportan la escasez con el trabajo de sus manos son en primer término los más dignos de caridad y de consuelo, pero además son los que están más expuestos a las seducciones de los malvados, que todo lo invaden con sus fraudes y engaños. Por lo cual hay que ayudarles con la mayor benignidad posible y hay que reunirlos en asociaciones honestas, para que no los arrastren las asociaciones infames. Por esta razón Nos deseamos grandemente ver restablecidas estas corporaciones en todas partes, para salvación del pueblo, de acuerdo con las necesidades de los tiempos, bajo los auspicios y patrocinio del episcopado. Y no es pequeño nuestro gozo al ver como vemos su actual restablecimiento en muchos lugares, así como también la fundación de asociaciones patronales. El fin común de estas dos clases de instituciones es ayudar a la virtuosa clase proletaria, socorrer y defender a sus hijos y a sus familias, fomentando en ellas, con la integridad de las buenas costumbres, el cultivo de la piedad y de la instrucción religiosa. Y en este punto no queremos pasar en silencio las Conferencias de San Vicente de Paúl, tan benemérita de las clases pobres y tan insigne por su ejemplo y acción. Sus obras y sus fines son conocidos por todos. Se dedica por entero al auxilio creciente de los menesterosos y de los que sufren, actuando con admirable sagacidad y modestia. Al querer pasar desapercibida, su eficacia es tanto mayor para ejercer la caridad cristiana y tanto más idónea para remedio de las miserias.

[Educación de la juventud]

(25) En cuarto lugar, para obtener más fácilmente lo que queremos, encomendamos con el mayor encarecimiento a vuestra fe y a vuestros desvelos la juventud, que es la esperanza de la sociedad humana. Consagrad a su educación la parte más principal de vuestra atención, y, por mucho que hagáis, nunca penséis haber hecho lo

bastante para preservar a la adolescencia de las escuelas y maestros que puedan inculcarle el aliento malsano de las sectas. Exhortad a los padres, a los directores espirituales, a los párrocos para que insistan, al enseñar la doctrina cristiana, en avisar oportunamente a sus hijos y alumnos de la perversidad de estas sociedades, y que aprendan pronto a precaverse de las fraudulentas y variadas artimañas que suelen emplear sus propagadores para enredar a los hombres. No harían mal los que preparan a los niños para recibir la primera comunión si les aconsejan que hagan el firme propósito de no ligarse nunca con sociedad alguna sin decirlo antes a sus padres o sin consultarlo previamente con su confesor o con su párroco.

(26) Pero sabemos muy bien que todos nuestro comunes esfuerzos serán insuficientes para arrancar estas perniciosas semillas del campo del Señor si desde el cielo el dueño de la viña no secunda benignamente nuestros esfuerzos. Es necesario, por tanto, implorar con vehemente deseo un auxilio tan poderoso de Dios que sea adecuado a la extrema necesidad de las circunstancias y a la grandeza del peligro. Levántase insolente y como regocijándose ya de sus triunfos, la masonería. Parece como si no pusiera ya límites a su obstinación. Sus secuaces, unidos todos con un impío consorcio y por una oculta comunidad de propósitos, se ayudan mutuamente y se excitan los unos a los otros para la realización audaz de toda clase de obras pésimas. Tan fiero asalto exige una defensa igual: es necesaria la unión de todos los buenos en una amplísima coalición de acción y de oraciones. Les pedimos, pues, por un lado, que, estrechando las filas, firmes y de acuerdo resistan los ímpetus cada día más violentos de los sectarios; y, por otro lado, que levanten a Dios las manos y le supliquen con grandes gemidos para alcanzar que florezca con nuevo vigor el cristianismo, que goce la Iglesia de la necesaria libertad, que vuelvan al buen camino los descarriados, que cesen por fin los errores a la verdad y los vicios a la virtud. Tomemos como auxiliadora y mediadora a la Virgen María, Madre de Dios. Ella, que vencido a Satanás desde el momento de su concepción, despliegue su poder contra todas las sectas impías, en que se ven revivir claramente la soberbia contumaz, la indómita perfidia y los astutos engaños del demonio. Pongamos por intercesores al Príncipe de los Ángeles, San Miguel, vencedor de los enemigos infernales; a San José, esposo de la Virgen Santísima, celestial patrono de la Iglesia católica; a los grandes apóstoles San Pedro y San Pablo, sembradores e invictos defensores de la fe cristiana. Bajo su

patrocinio y con la oración perseverante de todos, confiamos que Dios socorrerá oportuna y benignamente al género humano, expuesto a tantos peligros.

Y como testimonio de los dones celestiales y de nuestra benevolencia, con el mayor amor os damos *in Domino* la bendición apostólica a vosotros, venerables hermanos, al clero y al pueblo todo confiado a vuestro cuidado. Dado en Roma, junto a San Pedro, el 20 de abril de 1884, año séptimo de nuestro pontificado.

BIBLIOGRAFÍA ESPECIALIZADA SOBRE LÉO TAXIL

Todas las referencias bibliográficas se han elaborado a partir de fuentes académicas y catalográficas, incluyendo los catálogos de la Bibliothèque Nationale de France, la Biblioteca Nacional de España, así como estudios especializados sobre Léo Taxil. En cada entrada se indica la edición original, sin considerar reediciones posteriores.

OBRAS ANTICLERICALES (1879-1885)

À bas la calotte! (*¡Abajo la sotana!*) - París: Bibliothèque anticléricale, 1879. Pamfleto anticlerical que satiriza al clero católico, cuyo título es un lema contra la *calotte* (el solideo eclesiástico). Esta obra provocó un proceso judicial por insulto a la religión, del que Taxil resultó absuelto.

Les Soutanes grotesques (*Las sotanas grotescas*) - París: Bibliothèque anticléricale, 1879. Relatos y artículos satíricos sobre el clero, ridiculizando la figura de los sacerdotes (llamados metafóricamente «sotanas»). Continúa el tono anticlerical mordaz característico de los primeros escritos de Taxil.

La Chasse aux corbeaux (*La caza de los cuervos*) - París: Bibliothèque anticléricale, 1879. Colección de textos que «continúan» el panfleto *À bas la calotte!* y arremeten contra la jerarquía eclesiástica, refiriéndose a los curas como «cuervos» en tono despectivo. Mantiene el estilo combativo y burlesco de las obras anteriores.

Le Fils du jésuite (*El hijo del jesuita*) - París: Librairie Anticléricale, 1879. Novela corta o folleto polémico que denuncia la influencia de la Compañía de Jesús a través de la historia ficticia del hijo de un jesuita. Aparece dentro de la serie de la Bibliothèque anticléricale fundada por Taxil.

Les Bêtises sacrées: revue critique de la superstition (*Las necedades sagradas: revista crítica de la superstición*) - París: Librairie Anticléricale, 1880. Ensayo satírico que recopila y comenta críticamente diversas supersticiones y creencias religiosas consideradas absurdas, con abundantes citas y referencias a la *Biblia* y a la doctrina católica para ponerlas en ridículo.

Les Friponneries religieuses (*Las raterías religiosas*), con Alfred Paulon - París: Librairie Nationale, 1880. Obra escrita en colaboración, que expone engaños y fraudes atribuidos a instituciones y personajes eclesiásticos. Incluye una sección de «variedades anticlericales», combinando denuncia seria con anécdotas satíricas.

Plus de cafards! (*¡Basta de santurrones!*) - París: Librairie Anticléricale, 1880. Panfleto en tono combativo que clama contra los *cafards* (hipócritas beatos). Taxil exhorta a la sociedad a liberarse de la influencia opresora del clericalismo, con su estilo mordaz habitual.

Calotte et calotins: histoire illustrée du clergé et des congrégations (*Sotana y sotanistas: historia ilustrada del clero y de las congregaciones*) - París: Librairie Anticléricale, 1880-1882. Publicación seriada ilustrada que presenta una «historia» crítica y humorística del clero católico y de las órdenes religiosas. Mediante caricaturas y textos mordaces, Taxil repasa episodios históricos resaltando la corrupción e hipocresía eclesiástica.

Les Borgia (*Los Borgia*) - París: Librairie Anticléricale, 1881. Breve historia divulgativa enfocada en los papas de la familia Borgia (especialmente Alejandro VI), enfatizando sus crímenes, nepotismo y escándalos. Sirve para reforzar la imagen de la Iglesia renacentista como corrupta, en línea con la retórica anticlerical.

Les Amours secrètes de Pie IX (*Los amores secretos de Pío IX*), atribuido a «un antiguo cameriere secreto del Papa» - París: Librairie Anticléricale / Librairie populaire, 2 vols., 1881. Supuesto testimonio de un ex-camarero papal que narra las relaciones amorosas clandestinas del papa Pío IX. Taxil publicó esta obra bajo apariencia anónima para dar credibilidad al escándalo. En España se tradujo como *Los amores secretos de Pío IX*, Imp. y Librería del Siglo XIX, s.a..

Les Pornographes sacrés: la confession et les confesseurs (*Los pornógrafos sagrados: la confesión y los confesores*) - París: Librairie Anticléricale, 1882. Obra denunciando los abusos sexuales y morales cometidos por sacerdotes en el confesionario. Taxil describe casos escabrosos que retratan a los confesores como «pornógrafos» que explotan la intimidad de las penitentes.

La Vie de Jésus (*La vida de Jesús*) - París: Librairie Anticléricale, 1882. Biografía satírica de Jesús de Nazaret en la que Taxil señala supuestas contradicciones, errores y falsedades en los Evangelios. Escrita con tono irreverente y *voltaireano*, caricaturiza los relatos bíblicos para desacralizarlos y escandalizar al público devoto. *(Nota:* Hubo una reedición en 1900 por la editorial P. Fort, dentro de la colección de novelas de Taxil).

La Bible amusante (*La Biblia divertida*) - París: Librairie Anticléricale, 1882. Comentario crítico y humorístico de la Biblia, recopilando pasajes bíblicos acompañados de refutaciones e ironías tomadas de Voltaire y otros pensadores ilustrados. Concebida como una «Biblia» alternativa y satírica, ridiculiza las historias sagradas y la moral católica.

Un Pape femelle (*Una Papisa*) - París: Librairie Anticléricale, 1882. Novela histórica inspirada en la leyenda de la Papisa Juana (el «papa femenino» del siglo IX). Taxil aprovecha esta figura apócrifa para satirizar el dogma de la infalibilidad papal y la exclusión de la mujer, imaginando el escándalo de una mujer que habría alcanzado clandestinamente el trono pontificio.

L'Empoisonneur Léon XIII et les cinq millions du chanoine (*El envenenador León XIII y los cinco millones del canónigo*) - París: Librairie Anticléricale, 1883. Folleto acusatorio en el que Taxil atribuye al papa León XIII haber envenenado a un canónigo para apoderarse de su herencia de cinco millones. Se trata de una denuncia sensacionalista sin base, cuyo fin es desprestigiar al pontífice presentándolo como criminal codicioso.

La Prostitution contemporaine (*La prostitución contemporánea*) - París: Librairie Anticléricale, 1883. Estudio social sobre la prostitución en la época, que Taxil presenta con un enfoque moralista pero a la vez crítico con la hipocresía religiosa. Describe la trata de blancas y la explotación sexual, insinuando la complicidad o indiferencia de las autoridades eclesiásticas hacia estos males.

Pie IX devant l'Histoire: sa vie politique et pontificale – ses débauches, ses folies, ses crimes (*Pío IX ante la Historia: su vida política y pontifical – sus devaneos, sus locuras, sus crímenes*) - París: Librairie Anticléricale, 2 vols., 1883. Biografía altamente crítica del papa Pío IX, relatando su carrera eclesiástica y política con énfasis en sus supuestos escándalos sexuales, actos de locura y crímenes. Taxil documenta anécdotas y rumores para pintar a Pío IX como un tirano degenerado opuesto al progreso italiano.

Les Maîtresses du Pape (*Las amantes del Papa*) - París: Librairie Anticléricale, 1884. Novela histórica anticlerical que imagina una serie de amantes en la vida de un Papa (combinando papas reales y ficticios). Es una obra de ficción sarcástica que busca escandalizar al retratar al Sumo Pontífice entregado a placeres carnales. Se tradujo al español como *Las amantes del Papa* (título registrado en bibliografías españolas).

La Vie de Veuillot immaculé (*La vida de Veuillot el Inmaculado*) - París, 1884. Sátira biográfica sobre Louis Veuillot, célebre periodista católico ultramontano. El subtítulo irónico «inmaculé» anuncia el tono: Taxil repasa la vida y escritos de Veuillot poniendo de relieve sus contradicciones y extremismos, desmontando la pretendida «pureza» moral del personaje.

Les Livres secrets des confesseurs dévoilés aux pères de famille (*Los libros secretos de los confesores al descubierto*) - París: Librairie P. Fort, 1901. Publicación tardía en la que Taxil revela al público la existencia de manuales de confesores con instrucciones mórbidas. Dirigido a los jefes de familia, advierte sobre prácticas indecorosas en la confesión y aconseja proteger a mujeres y niños de posibles abusos. Esta obra pertenece a la etapa final de Taxil, retomando brevemente su vena anticlerical.

Obras antimasónicas (1885-1897)

Les Mystères de la Franc-maçonnerie dévoilés (*Los misterios de la francmasonería revelados*) - París: Letouzey et Ané, 1886. Volumen de gran formato (804 páginas) que inaugura la campaña antimasónica de Taxil tras su «conversión» al catolicismo. Presenta supuestas *revelaciones* de rituales y secretos masónicos, acusando a la Masonería de adoración luciferina, orgías y crímenes rituales. Tuvo enorme éxito entre el público católico. Se publicó traducción española: *Los misterios de la francmasonería*, Barcelona: Imprenta y Librería de la Inmaculada Concepción, 1887.

Révélations complètes sur la Franc-maçonnerie (*Revelaciones completas sobre la francmasonería*), serie de volúmenes monográficos publicados en 1886:

- *Les Frères Trois-Points* (*Los Hermanos Tres Puntos*) - París: Letouzey et Ané, 1886, 880 p.. Trata de la «Masonería azul» (logias *simbólicas* de grados 1º a 3º), describiendo alegóricamente a los masones como *hermanos* marcados por los «tres puntos» de su firma.
- *Les Sœurs maçonnes* (*Las Hermanas masonas*) - París: Letouzey et Ané, 1886, 388 pp. Versa sobre la masonería de adopción y logias femeninas, con testimonios falsos como el de la «hermana» Diana Vaughan. Incluye grabados sensacionalistas. Traducido al español como *¿Hay mujeres en la masonería?*, Barcelona, ca.1891, en la «Biblioteca Antimasónica», versión de Pelegrín Casabó, o también como *Las mujeres en la francmasonería*, trad. F. Luis Obiols, Barcelona: Tip. de Susany y Cª Montaner, 1891).
- *Le Culte du Grand Architecte* (*El culto al Gran Arquitecto*) - París: Letouzey et Ané, 1886, 416 p.. Aborda las creencias masónicas describiendo al «Gran Arquitecto del Universo» como un ídolo oculto de tintes satánicos. Taxil distorsiona símbolos y alegorías masónicas para insinuar un culto blasfemo al Demonio detrás de la fachada de deísmo.

Le Vatican et les francs-maçons (*El Vaticano y los masones*) - París, 1886. Panfleto en el que Taxil elogia la lucha de la Iglesia contra la masonería. Contrapone la figura del papa (León XIII) a la de los masones «satánicos», presentando al Vaticano como última defensa frente a la conspiración masónica. Fue parte de la estrategia de Taxil para congraciarse con la jerarquía católica. Traducido ese mismo año como *El Vaticano y los masones*, versión de Ángel Z. de Cancio, Barcelona, 1887.

La Franc-maçonnerie dévoilée et expliquée: édition populaire résumant les plus complètes révélations (*La masonería revelada y explicada: edición popular que resume las revelaciones más completas*) - París: Letouzey et Ané, 1887. Compendio resumido de las revelaciones antimasónicas de Taxil, pensado para un público más amplio. Repite las acusaciones de culto luciferino y perversión moral en las logias, pero en formato abreviado y pedagógico. La edición española se tituló *La Francmasonería descubierta y explicada*, vertida al castellano por Joaquín de Cots, Barcelona: Imprenta de la Inmaculada Concepción, 1887.

Confessions d'un ex-libre-penseur (*Confesiones de un exlibrepensador*) - París: Letouzey et Ané, 1887, 406 pp. Obra autobiográfica (de supuesto tono penitencial) en la que Taxil reniega de su pasado anticlerical y proclama su retorno al seno de la Iglesia católica. Publicada tras su conversión, sirvió para presentar sus *revelaciones* antimasónicas como la enmienda de sus «errores» previos. Traducción española: *Confesiones de un exlibrepensador*, trad. Ángel Z. de Cancio, Barcelona: Imprenta de la Inmaculada Concepción, 1887.

Les Assassinats maçonniques (*Los asesinatos masónicos*), con Paul Verdun - París: Letouzey et Ané, 1889, 411 p.. Compilación de casos atribuidos a supuestas venganzas o rituales mortales perpetrados por la masonería. Aunque en su mayoría inventados o tergiversados, Taxil y Verdun relatan estos «asesinatos» para reforzar la imagen de una sociedad secreta criminal. Incluye anécdotas como el asesinato imaginario del doctor Bataille por revelar secretos (preludiando la trama de Diana Vaughan).

La France maçonnique: liste alphabétique de 16 000 noms de francs-maçons dévoilés (*La Francia masónica: lista alfabética de 16.000 nombres de masones revelados*) - París, 1888. Listado, a modo de directorio, de miles de miembros de logias francesas (con nombres y datos personales) recopilados por Taxil. Esencialmente un dossier masivo de masones franceses, publicado para sembrar la desconfianza y exponer públicamente a individuos por su pertenencia masónica. En 1888 Taxil publicó en España una obra similar centrada en la masonería española: *La España masónica*, Barcelona: Imp. y Libr. de la Inmaculada Concepción, 1888, que aporta «documentos oficiales» sobre logias y miembros en España.

Les Admirateurs de la Lune à l'Orient de Marseille (*Los adoradores de la Luna en el Oriente de Marsella*), con Tony Gall – Marsella, 1889. Relato satírico en forma de «historia divertida de una logia masónica» en Marsella. Presenta a los masones locales realizando rituales estrafalarios bajo la luna llena. Aunque se inscribe en la campaña antimasónica, el tono es más humorístico, parodiando reuniones masónicas de provincia con personajes pintorescos.

La Ménagerie républicaine / La Ménagerie politique (*El bestiario republicano/El bestiario político*) - París, 1889. Serie de fascículos publicada por Taxil con biografías satíricas de políticos de la Tercera República francesa. Bajo la metáfora de una «menagerie» (colección de fieras), describe a diversos líderes republicanos con rasgos animales grotescos. Posteriormente se reeditó en volumen como *La Ménagerie politique* (1890). Esta obra, aunque dirigida contra republicanos laicos más que contra masones directamente, formaba parte de la propaganda conservadora del entorno de Taxil tras su alineamiento con la Iglesia.

La Corruption fin-de-siècle (*La corrupción fin de siglo*) - París: G. Carré, 1894. Volumen que denuncia la decadencia moral de finales del siglo XIX, achacándola a la influencia del secularismo y sociedades discretas. Taxil describe escándalos financieros, políticos y sociales de la época (muchos relacionados con masones destacados) para ilustrar la «corrupción generalizada» de la Belle Époque. Es uno de sus últimos escritos antes del desenlace de su impostura.

Y a-t-il des femmes dans la franc-maçonnerie ? (*¿Existen mujeres en la francmasonería?*) - París: Henri Noirot, 1891. Ensayo surgido a raíz de la polémica sobre logias femeninas. Taxil, junto al obispo Fava de Grenoble, afirma la existencia de masonería femenina oculta. Incluye historias sensacionales de mujeres iniciadas en altos grados masónicos. La edición española, titulada *¿Hay mujeres en la Masonería?*, apareció en la Biblioteca Antimasónica (Cuaderno V, Barcelona, 1891). También se publicó como *Las mujeres en la francmasonería* (Barcelona, 1891).

L'Existence des loges de femmes affirmée par Mgr Fava... et par Léo Taxil; recherches... et réponse à M. Vacquerie (*La existencia de logias de mujeres afirmada por Monseñor Fava... y por Léo Taxil; investigaciones... y respuesta al Sr. Vacquerie*), bajo el seudónimo *Adolphe Ricoux* - París: Téqui, 1891. Folleto escrito por Taxil bajo un pseudónimo clerical para respaldar las afirmaciones del obispo

Fava sobre logias de adopción. Responde a los detractores (como el periodista Vacquerie) aportando «investigaciones» que pretenden probar la existencia de logias mixtas y el papel corruptor de las mujeres masonas. Forma parte de la estrategia de Taxil de crear una *literatura de apoyo* a sus revelaciones, utilizando pseudónimos que le daban apariencia de respaldo externo.

Le Diable au XIXe siècle (*El Diablo en el siglo XIX*), con Charles Hacks (pseudónimo colectivo *Dr. Bataille*) - París: Delhomme et Briguet, 1895. Obra cumbre de la «mistificación» de Taxil: un extenso libro, publicado por entregas entre 1892 y 1895, que supuestamente revela los *misterios del espiritismo* y de la *francmasonería luciferina*. Incluye las ficticias «Memorias de la palladista» Diana Vaughan y narraciones de rituales satánicos, exorcismos y conspiraciones masónicas a escala mundial. El tono es novelesco sensacionalista, presentándolo como investigación periodística. Tuvo gran repercusión hasta que Taxil confesó en 1897 que todo era una farsa.

Mémoires d'une ex-Palladiste (*Memorias de una ex-palladista perfecta, iniciada, independiente*), atribuido a *Diana Vaughan* - París: Librairie Antimaçonnique A. Pierret, 1895, 723 pp. Sección integrada en *Le Diable au XIXe siècle* y también publicada separadamente, presentada como la autobiografía de Diana Vaughan, una supuesta *Gran Sacerdotisa* del «palladismo» (alta masonería satánica) convertida al catolicismo. En realidad escrita por Taxil, narra orgías diabólicas, encuentros con demonios (Asmodéo, etc.) y la conversión milagrosa de la autora gracias a Santa Teresa de Lisieux. Estas «memorias» engañaron a muchos lectores antes de revelarse el fraude.

Le 33e Crispi: un palladiste homme d'État démasqué (*El 33.º Crispi: un estadista paladista desenmascarado*), firmado por Diana Vaughan - París: Librairie Antimaçonnique A. Pierret, 1896, 499 pp. Libro atribuido a Diana Vaughan que ataca al político italiano Francesco Crispi (al que llama «33º», por el grado masónico) acusándolo de ser líder de una secta luciferina internacional. Es parte de la ofensiva de Taxil contra figuras públicas, mezclando hechos reales de la carrera de Crispi con invenciones extravagantes sobre sus supuestas prácticas satánicas. Publicado poco antes de la gran conferencia donde Taxil revelaría el engaño.

Le Labarum anti-maçonnique: statuts, déclaration de principes... (*El Lábaro antimasónico: estatutos, declaración de principios*) - París:

Librairie Antimaçonnique A. Pierret, 1896. Pequeño folleto (48 p.) que presenta la constitución de una supuesta orden caballeresca «antimasónica» fundada por Taxil. Se describe un ritual paródico inspirado en el lábaro de Constantino y se exhorta a los católicos a alistarse en la cruzada contra la masonería. Formaba parte de la última fase de la farsa, preparándola «seriedad» de un movimiento organizado, antes de la confesión final de Taxil en 1897.

OTROS ESCRITOS Y NOVELAS (1890-1904)

Histoire anecdotique de la Troisième République (*Historia anecdótica de la Tercera República*) - París, 1887. Recopilación de anécdotas, hechos curiosos y escándalos políticos ocurridos desde 1870 en Francia. Aunque no es abiertamente anticlerical ni antimasónica, la selección y comentario de Taxil tienden a ridiculizar a los dirigentes republicanos (muchos de ellos masones), en línea con sus posturas conservadoras de fines de los 80.

Le Martyre de Jeanne d'Arc (*El martirio de Juana de Arco*), ed. Léo Taxil y Paul Fesch - París: Letouzey et Ané, 1890. Edición crítica de los manuscritos del proceso de Juana de Arco, basada en documentos históricos atribuidos al obispo Cauchon. Taxil, sorprendentemente, adopta aquí un tono erudito y patriótico: reivindica a Juana de Arco presentando textos originales de su juicio, con comentarios de Paul Fesch. Esta obra seria, ajena a la polémica religiosa contemporánea, contrasta con el resto de su producción y fue bien recibida por la crítica de la época.

Les Conversions célèbres (deuxième série) (*Conversiones célebres, 2ª serie*) - París: Tolra, 1891. Compendio de historias de conversiones notorias al catolicismo. Taxil colaboró en esta «segunda serie» aportando casos (posiblemente incluyó la suya propia de 1885 y otras conversiones recientes de libres pensadores). El tono es apologético, celebrando el retorno a la fe de figuras públicas, como parte de la propaganda católica tras la «reconciliación» de Taxil *con la Iglesia.*

M. Drumont, étude psychologique (*El Sr. Drumont: estudio psicológico*) - París: Letouzey et Ané, 1890. Perfil ensayístico sobre Édouard Drumont, conocido periodista antisemita autor de *La France juive*. En esta obra breve, Taxil analiza la personalidad y motivaciones de Drumont, posiblemente con cierta admiración dado que compartían enemigos comunes (masonería, republicanos, etc.). Publicada en el momento álgido del *affaire* Boulanger/Dreyfus, refleja la incursión de Taxil en debates políticos más amplios.

La España masónica: según documentos oficiales justificativos que obran en poder del autor — Barcelona: Imprenta y Librería de la Inmaculada Concepción, 1888. Obra escrita por Taxil directamente en español, en la que aplica su fórmula antimasónica al contexto español. Enumera logias, miembros y supuestas conspiraciones masónicas en España, apoyándose en documentos y listas (algunos auténticos, otros de dudosa procedencia). Publicada con el apoyo de círculos carlistas y católicos españoles, complementó la difusión internacional de la *mistificación* de Taxil.

Les Trois cocus (*Los tres cornudos*) - París: Librairie P. Fort, 1900. Novela humorística de enredo que narra las peripecias de tres maridos engañados. Es una comedia ligera de costumbres, sin temática anticlerical ni masónica, que Taxil publicó al final de su vida intentando regresar a la literatura popular. Marca el distanciamiento de sus polémicas anteriores, orientándose hacia la sátira social inofensiva.

Prosper Manin: Marchands de chair humaine (*Prosper Manin: Mercaderes de carne humana*), firmado por Prosper Manin - Dijon: E. Bernard, 1904. Novela corta publicada bajo uno de sus seudónimos. Trata el tema de la prostitución y la trata de blancas («mercaderes de carne»), con un enfoque sensacionalista y moralizante. Si bien se editó en una colección popular, la autoría de Taxil era conocida. Es una de sus últimas obras impresas, mostrando su intento de reciclar antiguas temáticas de denuncia social fuera ya del foco religioso.

L'Art de bien acheter (*El arte de comprar bien*), firmado por Mme Jeanne Savarin - París: E. Petit, 1904. Manual práctico dirigido a amas de casa, con consejos para evitar fraudes alimentarios y reconocer productos adulterados. Taxil, bajo este seudónimo femenino, recopila trucos y advertencias sobre compras de comida, higiene y economía doméstica. Esta incursión en la literatura utilitaria muestra a Taxil reinventándose como divulgador práctico, alejado de la polémica, en sus últimos años. La autoría real quedó en evidencia tras su muerte, figurando Jeanne Savarin como uno de sus varios alias.

BIBLIOGRAFÍA COMPLEMENTARIA

(ESTUDIOS SOBRE LÉO TAXIL)

Se listan a continuación obras académicas, ensayos y artículos divulgativos dedicados a analizar la figura de Léo Taxil y su famosa «mystification», ordenados cronológicamente. Se incluyen trabajos en francés, español o inglés. (Nota: No se listan reediciones, solo ediciones originales.)

Arthur Edward Waite – *Devil-Worship in France* (Londres: George Redway, 1896). Estudio pionero en inglés que desenmascara las falsas revelaciones de Taxil sobre la adoración satánica en la Masonería.

Bernard Muracciole – *Léo Taxil, vrai fumiste et faux frère* (París: Éditions maçonniques de France, coll. «Histoire», 1998). Libro en francés (149 páginas) que ofrece una biografía de Taxil desde la perspectiva masónica: *faux frère* alude a su traición a la masonería y *vrai fumiste* a su carácter de burlador. Analiza en detalle sus motivaciones y el daño causado al discurso antimasonico posterior.

Eugen Weber (ed.) – *Satan franc-maçon: la mystification de Léo Taxil* (París: Julliard, colección «Archives» n.º 6, 1964). Libro en francés (240 páginas) que recompila documentos, cartas y artículos contemporáneos sobre el caso Taxil, con un extenso estudio introductorio del historiador Eugen Weber que reevalúa el contexto de la «gran impostura».

Fabrice Hervieu – «Catholiques contre francs-maçons: l'affaire Léo Taxil», en *L'Histoire* n.º 145 (París, junio 1991), pp. 32-39. Artículo de divulgación en francés que reconstruye el affaire Taxil para un público general, destacando el ambiente cultural de la Francia fin-de-siècle que permitió la difusión de la impostura (publicado en la revista *L'Histoire* con motivo del centenario de la conversión de Taxil).

Françoise Lavocat, Pierre Kapitaniak y Marianne Closson (dirs.) – *Fictions du diable: démonologie et littérature de saint Augustin à Léo Taxil* (Ginebra: Droz, 2007). Libro académico en francés (342 páginas) que explora la figura literaria del Diablo a lo largo de la historia. Incluye capítulos dedicados al *Diablo en el Siglo XIX* y específicamente al fenómeno Taxil, analizando sus invenciones como «ficciones demonológicas» en clave literaria.

Frédéric Rouvillois – *Le Collectionneur d'impostures* (París: Éd. du Rocher / Humour, 2010). Ensayo biográfico en francés que repasa varias grandes imposturas históricas. Un capítulo importante se dedica a Léo Taxil, presentado como un «coleccionista de imposturas» por la variedad y audacia de sus engaños. Rouvillois se centra tanto en la faceta cómica como en las consecuencias culturales del fraude de Taxil.

Henry Charles Lea (trad. Salomon Reinach) – *Léo Taxil, Diana Vaughan et l'Église romaine: histoire d'une mystification* (París: Société Nouvelle de Librairie et d'Édition, 1901). Folleto en francés (27 páginas) que resume la historia del fraude de Taxil y su impacto en la Iglesia, traducido de un texto original del historiador estadounidense Henry C. Lea.

Jacques Van Herp – «Une source de Lovecraft: *Le Diable au XIXe siècle*», en *Lovecraft, Cahiers de l'Herne* n.º 12 (París: Éditions de l'Herne, 1969), pp. 141-146. Artículo en francés que explora la influencia de la imaginería del *Diable au XIXe* de Taxil en la literatura fantástica, señalando paralelismos entre las invenciones de Taxil y los temas de H.P. Lovecraft.

Jean-Christian Pleau – «Les lectures honnêtes de Jules-Paul Tardivel», en *Voix et Images* vol. 32 n.º 3 (Quebec, primavera 2007), pp. 75-87. Artículo en francés que examina la recepción del caso Taxil en Canadá a través del escritor católico integrista Jules-Paul Tardivel. Analiza cómo Tardivel, editor de *La Vérité* en Quebec, primero apoyó a Diana Vaughan y luego reaccionó tras la revelación del fraude, dejando valiosos testimonios sobre la credulidad en medios católicos norteamericanos.

Jean-Pierre Laurant – «Le dossier Léo Taxil du fonds Jean Baylot de la Bibliothèque nationale», en *Politica Hermetica* n.º 4: *Maçonnerie et antimaçonnisme* (París: L'Âge d'Homme, 1990), pp. 55-63. Artículo en francés que describe el hallazgo del expediente documental sobre Taxil en la BnF (legado por Jean Baylot) y reflexiona sobre las teorías conspirativas en torno al complot masónico.

Massimo Introvigne – *Satanism: A Social History* (Boston: Brill, 2016). Investigación histórica en inglés (668 páginas) sobre el satanismo como fenómeno social. El sociólogo italiano Massimo Introvigne dedica el capítulo correspondiente (pp. 158–226) al caso Taxil, analizando cómo sus falsedades fueron creídas y difundidas, y cómo el *hoax* influyó tanto en la Iglesia católica (alimentando campañas antimasonicas) como en la cultura ocultista posterior que reaccionó al desmontarse el fraude.

Michel Jarrige – *L'Église et les francs-maçons dans la tourmente: croisade de la revue «La Franc-maçonnerie démasquée» (1884–1899)* (París: Éditions Arguments, 1999). Libro en francés (291 páginas) que estudia la revista *La Franc-maçonnerie démasquée* (órgano antimasónico católico sucesor del proyecto de Taxil) y, por extensión, la interacción entre la Iglesia francesa y el movimiento antimasónico en la época de Taxil.

Michel Winock – «Autopsie d'un mythe: le complot «judéo-maçonnique»»», en *L'Histoire* n.° 256 (París, julio-agosto 2001), pp. 62–69. Artículo en francés que coloca el fraude de Taxil en el contexto de los mitos conspirativos antisemitas y antimasónicos de finales del XIX. Winock disecciona cómo la «mistificación» de Taxil alimentó la idea de un complot judeo-masónico que perduró en el imaginario ultraderechista del siglo XX.

Olivier Bouzy – «TAXIL Léo (1854-1907)», en Philippe Contamine, Olivier Bouzy, Xavier Hélary (dirs.), *Jeanne d'Arc. Histoire et dictionnaire* (París: Robert Laffont, coll. «Bouquins», 2012), pp. 1005-1006. Entrada de diccionario (en francés) que resume la biografía de Léo Taxil, enfatizando su rol en la edición del proceso de Juana de Arco y su posterior descrédito por el escándalo antimasónico. Ofrece una síntesis breve pero precisa de su trayectoria y obra.

RG (111) – ¿*Diana Vaughan, prêtresse luciférienne a-t-elle existé?* (Bruselas: Ed. Delacroix, 2001). Obra en francés donde se cuestiona la existencia real de Diana Vaughan; reúne documentos presentados por un autor identificado con iniciales «RG», examinando la posibilidad de que tras el personaje ficticio hubiese alguna inspiración real. Es un aporte menor dentro de la literatura sobre el fraude.

Robert Rossi – *Léo Taxil (1854–1907). Du journalisme anticlérical à la mystification transcendante* (Marsella: Quartiers Nord Éditions, 2015). Biografía completa en francés (826 páginas) escrita por un autor marsellés. Es la obra más extensa sobre Taxil, cubriendo desde su juventud en Marsella, sus publicaciones anticlericales, la famosa misitificación y las secuelas tras su confesión. Rossi aporta mucha documentación local e histórica, situando a Taxil en el contexto de la prensa satírica del siglo XIX.

Robert Ziegler – *Satanism, Magic and Mysticism in Fin-de-siècle France* (Basingstoke: Palgrave Macmillan, 2012). Estudio académico en inglés (228 páginas) que examina el ocultismo y el satanismo en la Francia de fin de siglo. El capítulo 3 (pp. 50–73) está dedicado enteramente al *affaire* Taxil, analizando la obra *Le Diable au XIXe siècle* en el contexto de la literatura decadente y la fascinación de la época por lo satánico.

Ruben van Luijk – *Children of Lucifer: The Origins of Modern Religious Satanism* (Nueva York: Oxford University Press, 2016). Estudio académico en inglés (613 páginas) sobre la génesis del satanismo moderno. Dedica un amplio apartado (pp. 207–293) al impacto de las *«revelaciones»* de Taxil en la percepción del satanismo y la construcción del mito del «complot satánico». Van Luijk considera el fraude Taxil como un factor clave que difundió la idea de una adoración diabólica real en ciertos círculos.

Thérèse de Lisieux – *«Le Triomphe de l'humilité» suivi de «Thérèse mystifiée» (1896–1897): l'affaire Léo Taxil et le manuscrit B* (París: Éd. du Cerf, 1975). Edición crítica bilingüe (latín-francés) de escritos de Santa Teresita del Niño Jesús relacionados con el caso Taxil, incluyendo comentarios que la santa hizo sobre Diana Vaughan (*Thérèse «mystifiée»*). Analiza cómo Teresita vivió la revelación del fraude.

Thierry Rouault – *Léo Taxil et la franc-maçonnerie satanique: analyse d'une mystification littéraire* (Rosières-en-Haye: Camion Blanc, coll. «Camion Noir», 2011). Libro en francés (207 páginas) que constituye un estudio monográfico completo sobre el caso Taxil. Rouault aborda la *mistificación* como obra literaria, desmenuzando las fuentes de inspiración de Taxil (novela popular, folletín de terror, etc.) y el impacto de su invención de la masonería satánica en la cultura popular.

Victor Charbonnel – «Superstitieux et mystifiés», en *Revue chrétienne*, tomo de julio de 1897, pp. 1-18. Artículo en francés escrito inmediatamente después de la confesión de Taxil, analizando la credulidad de los católicos ultramontanos que fueron «mistificados» (embaucados) por sus relatos.

ÍNDICE ALFABÉTICO

Esta crónica de la mayor
impostura religiosa y mediática
de la Francia del siglo XIX
se terminó de componer
en las colecciones
de la editorial
MASONICA
en el día 30
de mayo
de 2025.